E SE NÃO HOUVESSE AMANHÃ?

BELLA FALCONI
PREFÁCIO DE HERNANDES DIAS LOPES

E SE NÃO HOUVESSE AMANHÃ?

REFLEXÕES SOBRE DEUS, FÉ E VIDA ETERNA

UNITED PRESS

©2020 por Editora Hagnos Ltda

Revisão
Andrea Filatro
Josemar S. Pinto

Capa
Rafael Brum

Diagramação
Sonia Peticov

Editora
Marilene Terrengui

1ª edição: Outubro de 2020

Coordenador de produção
Mauro W. Terrengui

Impressão e acabamento
Imprensa da Fé

Todos os direitos desta edição reservados para:
Editora Hagnos
Av. Jacinto Júlio, 27
04815-160 • São Paulo - SP • Tel. Fax: (11) 5668-5668
hagnos@hagnos.com.br • www.hagnos.com.br

Dados Internacionais de Catalogação na Publicação (CIP)
Angélica Ilacqua CRB-8/7057

Falconi, Bella

E se não houvesse amanhã? Reflexões sobre Deus, fé e vida cristã / Bella Falconi. — São Paulo: Hagnos, 2020.

ISBN 978-65-86109-83-2

1. Vida cristã 2. Deus 3. Fé 4. Jesus Cristo I. Título

20-3203   CDD-248.4

Índice para catálogo sistemático:
1. Vida cristã

Dedico esta obra primeiramente a Deus. Depois, ao meu esposo, Ricardo Rocha, que tanto me encoraja e apoia em minha caminhada, e ao meu pastor, Hernandes Dias Lopes, que tanto me ensina e inspira.

Sumário

Prefácio (Rev. Hernandes Dias Lopes)	9
Introdução	11
CAPÍTULO 1 Cosmovisão cristã	19
CAPÍTULO 2 Por que podemos confiar na Bíblia?	33
CAPÍTULO 3 Os Evangelhos	51
CAPÍTULO 4 Reféns na casa do valente	63
CAPÍTULO 5 A morte que Ele morreu vale a vida que você vive?	79
CAPÍTULO 6 Somos como a neblina	89
CAPÍTULO 7 Jesus como Senhor, e não somente Salvador	97
CAPÍTULO 8 O evangelho para hoje	105
Sobre a autora	125

PREFÁCIO

Tenho a subida honra de prefaciar esta preciosa obra, da lavra Bella Falconi, minha amiga e irmã. Faço-o com entusiasmo, e isso por motivos eloquentes. Em primeiro lugar, porque eu a conheço. Bella é uma mulher brilhante. Sua vida com Deus referenda sua obra. Seu testemunho avaliza suas palavras. Como mulher, esposa, mãe e profissional, ela deixa as marcas de seu exemplo em tudo que faz. Seu amor às Escrituras e seu compromisso com a verdade são notórios. Sua devoção a Cristo e seu engajamento no testemunho do evangelho podem ser vistos por onde ela passa.

Em segundo lugar, porque sua obra é relevante. Este livro traz a lume as verdades essenciais das Escrituras, sobretudo aquelas que são essenciais para a salvação. Bella não é uma costureira do efêmero, mas uma escultora do eterno. Ela não se entrega a uma faina desgastante para a exploração do supérfluo; debulha diante dos nossos olhos, com clareza diáfana, as verdades que podem tornar os homens sábios para a salvação.

Em terceiro lugar, porque sua mensagem tem um apelo urgente. A vida é mais do que viver, e a morte é mais do que morrer. O túmulo não é o nosso último endereço. O homem não é apenas um ser físico-material. Ele foi criado à imagem e semelhança de Deus e voltará para Deus a fim de prestar contas de sua vida. Ninguém poderá ser salvo por suas obras. Nenhuma religião pode oferecer refúgio seguro para o ser humano. Só em Cristo nossa alma encontra pouso seguro. Só em Seu nome há copiosa salvação. A ordem urgente de Deus é: arrepender e viver, ou não se arrepender e morrer.

Estou certo de que esta obra será uma trombeta de Deus a soar a voz altissonante do evangelho aos seus ouvidos. Leia, medite e coloque em prática essa mensagem!

HERNANDES DIAS LOPES

INTRODUÇÃO

Frequentemente somos aconselhados a viver nossa vida intensamente, "porque só se vive uma vez". Não podemos discordar disso, porque, de fato, só vivemos uma vez, vindo depois disso o juízo (Hb 9.27). E, no que diz respeito a viver intensamente, creio que em um sentido essa afirmação não deixa de ser verdade, desde que a intensidade da vida seja inclinada àquilo que realmente é digno de ser vivido.

A grande pergunta que faço a você hoje é: e se realmente não houvesse amanhã? Imagine que hoje você acordou no mesmo horário de sempre e fez as mesmas coisas que faz todos os dias: espreguiçar, desligar o despertador, escovar os dentes, tomar uma ducha, tomar seu café da manhã e seguir sua rotina do dia. Mas suponha que, diferentemente de tudo que você pudesse imaginar, sua vida se encerrasse neste dia. E aí? Onde você abriria os olhos?

Certa vez escutei uma frase que impactou a minha vida profundamente: "A forma como vivemos esta vida define toda a nossa eternidade". Mas aí você poderia contra-argumentar, dizendo: "Mas quem garante que existe qualquer coisa depois daqui? Quem garante que Deus existe?" E a minha resposta seria: "Quem garante que Ele não existe?" Não pretendo neste livro convencer ninguém com relação à existência de Deus, mas fazer o caro leitor refletir acerca de questões cruciais para todo e qualquer ser humano.

No entanto, para não perder a oportunidade de falar brevemente sobre a existência de Deus, gostaria de propor um paralelo e de pedir que você reflita sobre a sua mente. Todos nós produzimos pensamentos em todos os momentos em que estamos acordados. Ninguém é capaz de "desligar" seus pensamentos por completo, e muitos de nós temos dificuldades em lidar com eles. Mas quantos de nós já vimos os nossos pensamentos? Quantos de nós já vimos a nossa mente? Estou certa de que eu e você concordamos que ninguém nunca viu nem os pensamentos nem a mente, mas sabemos que ambos existem simplesmente porque a mente e os pensamentos se manifestam em nossa vida de forma real e plausível.

Assim também é com Deus. Não podemos ver Deus face a face, mas sabemos que Ele existe e se manifesta de forma real. Será que questionaríamos a existência do amor, da saudade e da alegria simplesmente porque não podemos vê-los? Será mesmo que senti-los não é suficiente para estarmos certos da existência de cada um deles? Então, por que questionamos tanto a existência de Deus?

De Platão (428-347 a.C.) a Heidegger (1889-1976), a filosofia oferece inúmeras teorias e ensinamentos a respeito da morte. O pensador alemão Schopenhauer afirmou no século 19 que a morte é a musa da filosofia e, como relação disso, Sócrates definiu a filosofia como uma espécie de "preparação para a morte".

INTRODUÇÃO

O filósofo grego Epicuro considerava o ser humano como um ser coeso, formado por uma série de átomos em movimento, e contemplava a morte como a simples dissolução desses átomos, os quais mais tarde dariam origem a um novo ser ao se reunirem novamente.

Platão e Sócrates contemplavam a morte como uma quimera: "Porque enquanto eu existo, ela não existe; e, quando ela existe, eu já não existo". Na visão do filósofo alemão Nietzsche, o homem vivencia a morte de duas maneiras: de forma covarde, também chamada de não livre, ou da forma conhecida como morte voluntária. A morte "covarde" está conectada ao homem que não tem noção real de tempo, sendo atacado pela morte que "parece ser um acidente que assalta". A morte surge, para essas pessoas, como uma fatalidade. Nietzsche afirma que, ao contrário da morte não livre, a morte voluntária é aquela que acontece no tempo certo, vindo para aqueles que aceitam a morte, sem que haja projeções dos culpados de sua morte, mas aceitando-a como elemento intrínseco à vida humana. Ou seja, um tempo bem vivido resulta numa morte no tempo certo.

Os escritos de Nietzsche ilustram uma ideia anticristã da morte, e ele próprio afirma que o cristianismo promete vida eterna aos que souberem viver bem a vida, alimentando uma falsa esperança. Muitas são as ideias humanas acerca da morte e, certamente, nenhuma delas poderia ser tão assertiva como aquela revelada pelo próprio Deus, o Criador de todas as coisas. Afinal de contas, aquele que é criado não pode superar o Criador, nem em explicações, nem em teorias, em absolutamente nada.

Talvez seja mais cômodo pensar que, quando esta vida chegar ao fim, nos dissolveremos como papel na água; e talvez mais

E SE NÃO HOUVESSE AMANHÃ?

tarde nossas moléculas possam ser reaproveitadas para formar uma nova vida, ou ainda teremos outras chances em "outras vidas", até que possamos evoluir e enfim habitar num lugar de descanso. A ideia de que não existe Deus está intimamente relacionada não somente com a incredulidade humana, mas também com a falaciosa ideia de eximirmos a nós mesmos de uma brutal responsabilidade e de aliviarmos as nossas culpas diante de uma deidade, dando vazão a atitudes criminosas e a todos os tipos de males encontrados na nossa sociedade.

Se não há Deus, não tenho como ser incriminado pelos meus feitos; logo, posso cometer todo tipo de atrocidade e me dar bem no final. Obviamente nenhum desses pensamentos está de acordo com as Escrituras. Todos nós seremos responsabilizados perante Deus por nossas atitudes ou pela ausência delas. E ninguém poderá dizer que não sabia da existência dEle, pois, ainda que nem todos tenham de fato lido a Bíblia, as Escrituras não são o único meio pelo qual Deus se revelou. *Os céus declaram a glória de Deus e o firmamento anuncia a obra de suas mãos [...] não há linguagem nem fala onde não se ouça a sua voz* (Salmo 19.1,3).

E em oposição à ideia de novas chances no pós-morte, o autor de Hebreus nos garante que a todo homem é dado viver uma só vez, vindo depois disso o juízo. Mas quem é o autor de Hebreus e como ele poderia estar tão seguro dessa informação? O autor de Hebreus não é revelado na carta, e existem muitas especulações com relação à sua identidade. Mas, independentemente disso, devemos ter em mente três coisas importantes: 1) Se a carta aos Hebreus está no cânon bíblico, ela foi divinamente inspirada; 2) se foi divinamente inspirada e está no cânon bíblico, ela é inerrante e infalível (assim como todos os livros da Bíblia); e, por último, 3) não lemos a Bíblia para investigar se Deus existe — nós a lemos partindo do pressuposto de que, sim, Ele existe, pois a primeira frase da história foi "Haja luz", e quem disse isso foi o próprio Deus.

Portanto, Ele já era antes de todas as coisas serem. Ele é autossuficiente e autoexistente. Ele não foi criado, mas já existia em Si mesmo. E, mesmo quando a ciência tenta confrontar a ideia da existência de Deus, passa então a existir um enorme abismo resultante de perguntas sem respostas: Poderia o caos gerar ordem? Poderia tudo vir do nada? Poderiam átomos e micropartículas dar origem a seres racionais, com personalidade, senso de ética e moral e sentimentos? Como isso seria possível? São perguntas para as quais os evolucionistas não têm respostas convincentes.

Ainda que o foco deste livro não seja provar a existência de Deus, é inevitável trilharmos por esse caminho, uma vez que a nossa visão sobre a existência ou a ausência do amanhã depende da forma como enxergamos Deus e o que Ele nos revela. Talvez você creia que a Bíblia não passa de uma coleção de escritos arcaicos com pouca credibilidade e nada usual nos nossos dias. E isso não deixa de ser, de certa forma, um comodismo mental, visto que é muito mais fácil negar a importância das Escrituras e simplesmente ignorá-la do que lê-la, aprofundar-se em seus ensinamentos, ser confrontado por eles e, mais do que isso, colocá-los em prática.

O mundo nos oferece muitos atalhos. Por que perderíamos tempo buscando o Caminho? O mundo nos oferece muitas soluções rápidas. Por que perderíamos tempo quebrando a cabeça com teologia? Mas a grande questão é: Para quais caminhos esses atalhos nos levam? Certamente eles nos conduziriam por qualquer chão, jamais pelo Caminho. E as soluções rápidas? O que elas nos proporiam: beber para esquecer? Viver "loucamente", porque a vida é para ser vivida? Os prazeres mundanos e transitórios? Quais benefícios eles nos trariam, entretanto, no longo prazo? Atrevo-me a dizer que os atalhos nos levam a mais caminhos de perdição do que a pastos verdejantes. E também me atrevo a dizer que as soluções rápidas nos levam a atitudes mais desastrosas do que benéficas.

Então, por que grande parte do mundo permanece no erro? Porque existe um inimigo invisível, também chamado de "deus deste século" pelo apóstolo Paulo, que cegou o entendimento de muitos (2Co 4.4). O deus deste século, também chamado de Satanás, ainda que não seja soberano e ainda que esteja submetido a Deus, exerce grande influência sobre as visões, ideias, metas e ideais da maioria das pessoas. A influência desse ser maligno sobre a vida dos seres humanos abrange diversas áreas, o que inclui falsas doutrinas com relação à morte, ao juízo final e à vida eterna. Sua principal especialidade é roubar, enganar, mentir e violentar as criaturas de Deus, e não podemos subestimá-lo.

As Escrituras nos revelam que os incrédulos são mantidos reféns na casa do "valente", a saber, Satanás (Mc 3.27). E uma das formas pelas quais o inimigo da nossa alma nos sequestra é justamente quando nos faz crer que devemos viver nossa vida de qualquer jeito, atendendo aos prazeres e às demandas da carne, porque o amanhã não é garantia para ninguém e porque a morte chegará para todos. De fato, a morte física chegará para todos, mas aqueles que nasceram de novo também ressuscitarão no último dia, ganhando a coroa da vida eterna. Pois Cristo venceu a morte, e aquele que foi enxertado na Videira desfrutará do descanso eterno.

Muitos estão sendo levados pela falsa ideia de que haverá uma segunda chance ou de que depois da morte não há nada mais, portanto podemos e devemos fazer tudo que quisermos nesta vida. Com isso, eles se distanciam cada vez mais do Deus vivo, da maravilhosa graça de Cristo Jesus e da promessa de vida eterna ao Seu lado. Esse é exatamente o plano de Satanás.

Certa feita li uma frase que dizia: "Ser um jovem cristão não significa perder a juventude, mas ganhar toda a eternidade". Nada poderia descrever de forma tão singela e profunda a maneira como enxergo as promessas advindas do cristianismo. Não existe perda onde há Cristo, e não existe vida que valha mais a pena ser vivida que não seja uma vida cristocêntrica. Ainda que os incrédulos ousem questionar: "Mas e se no final chegarmos lá e não houver nem Deus, nem Cristo, nem vida eterna?", eu me atrevo a responder: "Pelo menos vivi uma vida correta e digna de ser vivida". Nenhuma vida vivida para Deus é uma vida desperdiçada. Nenhum ato de fé, nenhuma oração, nenhum ato de amor fraternal e de perdão podem ser em vão.

E, se cremos que nada vem do nada, que existe o Deus Criador que não só cria, mas que também governa e mantém Sua criação, e que existe algo depois desta jornada na terra, devemos concordar que não podemos viver de qualquer jeito. De fato, ninguém pode escapar da grande pergunta: E se não houvesse amanhã?

CAPÍTULO 1

COSMOVISÃO CRISTÃ

Estou certa de que meu leitor já foi questionado ou já questionou alguém pelo menos uma vez na vida a respeito de sua filosofia de vida. Pois bem, sua filosofia de vida é também sua cosmovisão. Uma cosmovisão contém as respostas de uma pessoa às questões essenciais da vida, sendo também a infraestrutura conceitual das crenças fundamentais desse indivíduo.

A palavra "cosmos" é a transliteração do termo grego κόσμος, que significa "bem ordenado" ou "ornamentado" e metaforicamente quer dizer "mundo". Na teologia cristã, a palavra "cosmos" é usada para se referir a este mundo; logo, cosmovisão significa o modo como vemos este mundo, através de lentes estruturadas com base nossos pressupostos, as quais avaliam o mundo e lançam um juízo de valor sobre aspectos específicos. Toda cosmovisão é composta por camadas de pressuposições sobrepostas, e tudo o que fazemos é baseado na forma como vemos o mundo e no que julgamos ser correto ou não. Essas pressuposições são exteriorizadas em nossas motivações, crenças básicas, certezas, valores etc.

Na cosmovisão cristã, a primeira pressuposição essencial é que a Bíblia Sagrada é a Palavra de Deus e, portanto, a única regra de fé e prática adotada pela igreja de Cristo (2Tm 3.16). É nas Escrituras que colhemos dados factuais e ensinamentos que constroem, fundamentam e guiam a nossa opinião a respeito do mundo e de tudo o que nele há. Por "dados factuais" quero dizer que tudo aquilo que lemos nas Escrituras não são meras suposições, mas acontecimentos reais.

Ao ler as Escrituras, partimos do pressuposto de que Deus existe e não precisamos de provas para crer em *toda* a Sua revelação escrita e no fato de que ela é inerrante e infalível. Além disso, as Escrituras Sagradas não são simplesmente um conjunto de livros propositivos, os quais nos dão apenas ordens sobre o que fazer ou não fazer. Elas contêm, além de proposições, histórias que refletem todo o plano redentivo do Senhor. Ao lermos e estudarmos essas histórias, podemos descobrir como Deus agiu no passado, como Ele age no presente e como será a história no porvir, quando novo céu e nova terra serão estabelecidos.

Baseados nas Escrituras, podemos estabelecer opiniões acerca daquilo que Cristo espera dos cristãos e, com isso, colocar em prática todos os Seus ensinamentos, o que nos leva a agir neste mundo de modo que o nome de Jesus seja glorificado por meio da nossa vida. Como cristãos, podemos e devemos ter uma opinião sobre assuntos diversos e até mesmo os mais polêmicos, amparados pelos ensinamentos bíblicos, na certeza de que, ao estarmos biblicamente fundamentados, nossos princípios refletirão a verdade do evangelho e nossa cosmovisão estará devidamente ajustada às lentes do

... as **Escrituras Sagradas** não são simplesmente um conjunto de livros propositivos, os quais nos dão apenas ordens sobre o que fazer ou não fazer. Elas contêm, além de proposições, **histórias** que refletem todo o **plano redentivo** do Senhor.

cristianismo. Devemos ter em mente que a Bíblia é abrangente o suficiente para abordar até mesmo as questões mais controversas deste mundo.

Deus é soberano sobre toda a criação, e o senhorio de Cristo rege todas as coisas. Portanto, os cristãos devem sempre retirar das Escrituras o modo como enxergam o mundo (cosmovisão), sem exceções. Gostaria de enfatizar a questão crucial "sem exceções", uma vez que Jesus exorta a igreja em Laodiceia a não ser morna; antes, que ela deveria ser ou quente ou fria (Ap 3.15). O evangelho não admite exceções e, consequentemente, a cosmovisão cristã deve compactuar 100% com as Escrituras e ser formada com base nas Escrituras. Quem não é com Cristo, é contra Ele, e quem com Ele não ajunta, espalha (Lc 11.23).

Concordo com Paul Washer quando ele diz que o que importa não é o que achamos, mas, sim, o que a Bíblia ensina. Na cosmovisão cristã, aquilo que é correto não é correto porque assim o julgamos, mas porque as Escrituras nos mostram que é o certo. E o mesmo se aplica ao que é errado. Algo é errado não porque simplesmente nossos pais nos ensinaram assim, mas porque nas Escrituras aprendemos que é condenável. É importante ressaltar, ainda dentro deste contexto, que a raça humana foi corrompida pelo ingresso do pecado no mundo, a ponto de todos os aspectos da nossa existência terem sido desajustados e, com isso, a nossa visão "natural" passou a ser completamente embaçada.

A menos que enxerguemos o mundo pelas lentes do evangelho, não teremos visão, mas, sim, uma grave cegueira espiritual. Nossos pensamentos devem estar sempre elevados aos céus e cativos ao Espírito Santo de Deus, a fim de que os princípios

COSMOVISÃO CRISTÃ

e o caráter de Cristo sejam refletidos em nossa vida por meio da submissão aos Seus ensinamentos, da nossa obediência, fé, santidade, justiça, retidão e do nosso amor. Como seguidores de Cristo, nossa submissão à Palavra de Deus é a base sobre a qual estabelecemos nossa cosmovisão. Somente assim, seremos capazes de testemunhar acerca da pessoa de Cristo no cosmos, sendo contrários a tudo aquilo que violenta os valores bíblicos.

Quando nossa visão e as nossas lentes estão ajustadas e fundamentadas nas Escrituras, os juízos de valor que emitimos representam de forma genuína o pensamento cristão. É importante enxergarmos a vida com base na história bíblica, que está dividida em quatro partes: a criação, a queda, a redenção em Cristo e a futura consumação da redenção. É com esses quatro pilares que precisamos construir nossa cosmovisão.

E por que a cosmovisão é um assunto tão sério a ponto de ocupar o primeiro capítulo deste livro? Primeiro, esse assunto é importante porque não há um adulto sequer que não tenha uma cosmovisão; no entanto, nem todos percebem esse fato e sua relevância para a nossa vida. Em segundo lugar, porque a nossa cosmovisão é a nossa verdadeira "religião", o fundamento da nossa vida e a fundação sobre a qual pisamos. E é justamente porque a cosmovisão é a fundação sobre a qual a nossa vida está estruturada que precisamos construí-la sobre a Rocha que nunca ruirá e nunca se abalará. E quem é a Rocha, segundo a Bíblia? Cristo Jesus!

Eu me mudei para os Estados Unidos em 2007, e a primeira coisa que me chamou a atenção foi a grande diferença cultural que existia entre muito daquilo que eu trazia na minha bagagem cultural brasileira e aquilo que eu estava vivenciando naquele país. Posso citar aqui um exemplo clássico, que é a forma como cumprimentamos uns aos outros no Brasil. Mesmo em um completo desconhecido somos capazes de dar um abraço caloroso e até mesmo um ou dois beijos no rosto. Nos Estados Unidos, esse hábito não existe. As pessoas costumam apertar as mãos, e somente quando existe uma intimidade em nível familiar é que podemos esperar abraços calorosos. Beijos, no entanto, são menos comuns. No Brasil, deixar de abraçar alguém durante uma saudação é sinônimo de falta de educação ou frieza (algumas vezes, pode denotar também timidez). Nos Estados Unidos, é extremamente normal não distribuir abraços durante as saudações.

Avaliemos agora esse paradoxo do ponto de vista cultural: os mesmos atos são interpretados de formas distintas em países diferentes. Esse exemplo um tanto quanto superficial, mas útil para fins de ilustração, nos leva a concluir que existem cosmovisões diferentes, as quais envolvem diferentes perspectivas. Um conjunto de pensamentos molda uma sociedade. Mas não podemos negligenciar o ponto mais sensível dessa questão: o fato de termos inúmeras culturas em nível global não quer dizer que podemos e devemos concordar com todas elas, com a justificativa de que "cada um herda hábitos provenientes de sua própria cultura" e, por isso, está tudo bem agir ou pensar de determinada maneira.

É necessário parar, nesse momento, para analisar os efeitos da queda na humanidade e nos diversos aspectos da existência humana. Fomos corrompidos pelo pecado, e nossa visão foi completamente comprometida após a queda dos nossos primeiros

COSMOVISÃO CRISTÃ

pais, Adão e Eva. Ou seja, não existe neutralidade no ser humano: todos os nossos pensamentos e atos se inclinam para o pecado. E, ainda que existam inúmeras culturas, só existem duas consequências das nossas atitudes e dos nossos pensamentos: ou eles agradam ou não agradam a Deus. O apóstolo Paulo nos ensina em Colossenses 2.8 lições importantes acerca das filosofias de vida e de como não existe espaço para a neutralidade:

*Tende cuidado, para que ninguém vos faça
presa sua, por meio de filosofias e vãs sutilezas,
segundo a tradição dos homens, segundo os
rudimentos do mundo, e não segundo Cristo.*

Esse versículo nos ensina claramente que existem diferentes filosofias e que nem todas são condizentes com os princípios de Cristo. Ou a nossa cosmovisão está arraigada no mundo, ou está fundamentada em Deus — não existe campo neutro. Ou andamos na dependência de Deus e em Seus ensinamentos, ou andamos completamente à parte dEle, e a nossa filosofia de vida é, em ambos os casos, afetada. Mas não nos enganemos: existem muitos cristãos professos vivendo uma filosofia equivocada, porque desconhecem o conceito e a importância da cosmovisão e não detêm um conhecimento coerente das Escrituras. Isso nos leva a concluir que, quanto mais conscientes estivermos a respeito da existência da cosmovisão, mais coerente ela poderá se tornar. O fato inegável é que todos nós carecemos de uma visão coerente do mundo, e isso somente as Escrituras podem nos dar. E não basta termos uma visão coerente; compete a nós também colocá-la em prática.

Segundo o teólogo Heber Campos Jr., "uma cosmovisão é um comprometimento. Todos os que possuem uma cosmovisão se comprometem com alguma coisa e estão ligados a alguma coisa. Eles acreditam, vivem e morrem por alguma coisa. São os valores maiores da sua vida. É um comprometimento. Uma orientação fundamental do coração". Mas é importante ressaltar que essas ideias e orientações nem sempre são verdadeiras e coerentes, ou apenas parte delas é verdadeira e coerente.

O homem não é aquilo que pensa, mas, sim, aquilo em que seu coração se apega. E onde colocamos o nosso tesouro, ali também será encontrado o nosso coração (Mt 6.21). Todo ser humano é, em um sentido, um ser religioso. Fomos criados para adorar e, quando não temos uma cosmovisão coerente acerca do Deus verdadeiro, acabamos por adorar a criatura, e não o Criador. Colocamos no lugar de Deus outros (falsos) deuses que passam a ser o centro da nossa vida e o alvo da nossa adoração. Até mesmo o mais professo dos ateus é religioso em certo sentido, pois essa é uma característica inerente aos seres humanos. Todo ser humano se apega a alguma coisa — esse é um fato irrefutável. Quando compreendemos o conceito de cosmovisão, entendemos quem realmente somos, e isso pode ser um tanto quanto confrontador.

Não somos simplesmente as nossas palavras e os nossos discursos, e somente quando a nossa cosmovisão se torna mais evidente para nós é que passamos a entender quem de fato somos. As ideias que temos a respeito do cosmos diz muito a nosso respeito. Somente a Palavra de Deus é capaz de expor de forma genuína os segredos do nosso coração. A diferença entre as Escrituras Sagradas e os demais livros é que, diferentemente dos demais livros, aos quais lemos, é a Bíblia que nos lê, e essa é uma característica exclusiva da Bíblia Sagrada, porque somente ela é a Palavra do Deus vivo.

O assunto cosmovisão é amplo, e seria impossível exaurir o tema em apenas um capítulo, mas à guisa de introdução é fundamental compreendermos a seriedade do assunto e, consequentemente, a urgência de estabelecer ou restabelecer uma cosmovisão coerente em nossa vida. Afinal, vivemos em uma sociedade moderna na qual até mesmo os cristãos parecem estar perdidos com relação às suas ideias. De um lado, há pessoas que não detêm conhecimento bíblico e, portanto, não conhecem Deus com base em Sua revelação sobre Si mesmo; e, de outro, há pessoas que conhecem a Palavra de Deus, mas não conseguem organizar sua vida para que ela reflita os princípios bíblicos em todos os aspectos, sem exceções.

Muitos de nós erramos ao estabelecer compartimentos distintos em nossa vida, de modo que separamos a nossa fé ou as nossas crenças religiosas das demais atividades do dia a dia. Ou seja, nem sempre somos cristãos no nosso trabalho ou na escola; isso significa que ou o somos apenas quando convém, ou realmente não entendemos que não é a nossa vida que determina a nossa fé, mas a nossa fé que determina a nossa vida. Não compreendemos que não podemos segregar a fé e os princípios que professamos da nossa vida como um todo.

O cristão não deve estar isolado do mundo, mas também não deve ser menos cristão por viver no mundo; afinal, este mundo é o único lugar que temos para sermos cristãos. Assim, a cosmovisão cristã deve refletir em todos os âmbitos da nossa existência, sem exceções. A verdade de Deus professada pela fé cristã não está limitada ao aspecto espiritual de nossa vida, mas abrange a nossa vida e reflete nela como um todo. É mister que aprendamos a viver de forma coerente com aquilo que aprendemos, lemos, falamos e pregamos.

De nada adianta ser cristão apenas na igreja ou nos eventos religiosos, que aliás são ambientes nos quais ser cristão não é difícil, pois a atmosfera já nos inclina a isso. É importante viver o cristianismo cotidianamente, mesmo nas situações mais controversas, e vivê-lo da maneira como falamos, nos portamos, trabalhamos, delegamos funções, estudamos, e assim por diante. Só há coerência na vida cristã quando compreendemos que ela é indivisível, isto é, não existe atividade "secular" quando professamos uma fé cristã. Tudo que fazemos dentro ou fora da igreja deve revelar e refletir Cristo.

Jesus não vivia dentro de sinagogas o tempo todo. Ele pregava nos lugares mais inusitados e quase nunca em ambientes religiosos. Seu comportamento não mudava, estivesse Ele em cima de uma montanha, dentro de um barco, rodeado por publicanos e fariseus, ou dentro de uma sinagoga. A Palavra de Deus nos diz que tudo aquilo que fizermos em nossa vida, que seja de todo o coração, como para o Senhor, e não para homens (Cl 3.23). Em outras palavras, você não precisa necessariamente servir em uma igreja ou trabalhar diretamente na obra de Deus para estar servindo a Deus.

Qualquer coisa que fizermos, absolutamente qualquer coisa, devemos fazê-la para a glória de Deus (1Co 10.31). Não existe dicotomia na vida de um verdadeiro cristão. Não há separação entre "a obra de Deus" e o "trabalho secular". Ser cristão é sê-lo integralmente. Seja na igreja, seja fora dela, nossa cosmovisão deve refletir os princípios ensinados pelas Escrituras, que são a nossa única regra de fé e prática.

Nas Escrituras, temos bons referenciais de homens que entenderam essa missão. O apóstolo Paulo é um deles. Ele não se tornava menos cristão quando recluso em cadeias ou durante suas viagens missionárias em cidades pagãs. Ele mantinha sua postura tanto na cadeia quanto na igreja. Há no livro de Gálatas um relato bastante interessante e aplicável aos nossos dias, em que o apóstolo Pedro foi duramente criticado por Paulo, que considerou sua atitude "condenável". Pedro se relacionava com os gentios (não judeus) na cidade de Antioquia, mas se afastou deles quando seus companheiros judeus chegaram à cidade.

> *Quando, porém, Pedro veio a Antioquia, enfrentei-o face a face, por sua atitude condenável. Pois, antes de chegarem alguns da parte de Tiago, ele comia com os gentios. Quando, porém, eles chegaram, afastou-se e separou-se dos gentios, temendo os que eram da circuncisão. Os demais judeus também se uniram a ele nessa hipocrisia, de modo que até Barnabé se deixou levar. Quando vi que não estavam andando de acordo com a verdade do evangelho, declarei a Pedro, diante de todos: "Você é judeu, mas vive como gentio e não como judeu. Portanto, como pode obrigar gentios a viverem como judeus?" (Gl 2.11-14)*

Ser cristão é também ter a cosmovisão cristã e andar de acordo com a verdade do evangelho. O mesmo Paulo que exortou a Pedro nos exorta a sermos imitadores de Cristo como ele o era (1Co 11.1) e nos ensina uma lição preciosa com relação a um grande desafio que temos na terra:

E não sede conformados com este mundo,
mas sede transformados pela renovação da vossa
mente, para que experimenteis qual é a boa,
agradável e perfeita vontade de Deus (Rm 12.2).

É impossível agradar a Deus, fazer a Sua vontade e viver segundo os Seus preceitos sem ajustarmos a nossa retina, através da qual enxergamos o mundo. Se pretendemos exercer os princípios morais e éticos ensinados pela Palavra, é urgente que retiremos dos nossos olhos os carrapichos do mundo. Há uma frase que sempre cito: "Ainda que eu viva na Babilônia (no mundo), é de Israel que vêm as minhas ordens". Essa analogia é extremamente útil para nos fazer compreender que, mesmo que você trabalhe em uma empresa repleta de ateus, você continua a ser cristão no seu ambiente de trabalho, exercendo o seu ofício de forma idônea, respeitosa e ética, a fim de que o nome de Jesus seja exaltado pelo seu comportamento e para que você se apresente de forma irrepreensível perante Deus.

Pela cosmovisão cristã, não devemos ser meros seguidores de culturas, mas formadores de uma nova cultura, cujos princípios estão arraigados nos valores celestiais. Ter uma cosmovisão cristã é também estar preparado para andar na contramão do mundo, para enfrentar conflitos internos e existenciais e, sobretudo, para romper com antigos valores e visões. Deus não usa pano novo para remendar trapos velhos, nem coloca vinho

COSMOVISÃO CRISTÃ

novo em odres velhos (Mt 9.16,17). Em vista disso, ter uma cosmovisão cristã é fazer tudo novo, e não simplesmente pegar o que é velho e nele colocar um rótulo *gospel*.

CAPÍTULO 2

POR QUE PODEMOS
CONFIAR NA BÍBLIA?

Sabemos que ao longo dos últimos anos um dos assuntos mais discutidos e colocados em pauta é o da veracidade, suficiência e autoridade da Bíblia. Primeiramente, gostaria de aproveitar esta oportunidade para dividir com vocês algumas informações importantes sobre as Escrituras Sagradas, a fim de que possamos desenvolver a questão da confiabilidade de forma mais profunda.

Para isso, irei dividir este capítulo em três partes, de modo que possamos construir um caminho sólido que nos levará à grande questão: Podemos confiar na Bíblia?

PARTE 1: O que é a Bíblia e como ela foi formada?

A Bíblia é uma lista de 66 livros reconhecidos pela igreja como inspirados por Deus e é também a nossa fonte externa de todo conhecimento de Deus, revelado por Ele mesmo.

A Bíblia é dividida em duas partes: Antigo e Novo Testamentos. No Antigo Testamento, temos o total de 39 livros (na versão em português), e no Novo Testamento, a soma é de 27 livros. A Bíblia não se formou da noite para o dia; houve um processo meticuloso e demorado para que as Escrituras Sagradas como as conhecemos chegassem até nós.

A formação do cânon bíblico (ou canonização) compreende algumas etapas, das quais citaremos duas: o reconhecimento da inspiração divina e a compilação dos escritos. O primeiro passo compreende o reconhecimento da autoridade do livro por sua natureza divinamente inspirada. O segundo passo abrange a compilação e preservação dos livros. Conforme os livros eram reconhecidos como inspirados, eram guardados e compilados a outros livros já existentes, os quais, por sua vez, formavam uma coleção de livros sagrados. De forma bastante resumida, os critérios válidos de canonicidade incluem: autoria profética, autoridade divina, veracidade, natureza dinâmica e aceitação por todo o povo de Deus.

O cânon do Antigo Testamento foi formado em três etapas separadas: a Lei ou *Torah* (os cinco livros de Moisés — Pentateuco), cerca de 400 a.C.; os Profetas ou *Nevi'im* (maiores e menores divididos em grupos), cerca de 200 a.C.; e os Escritos ou *Ketuvim* (em número de 11 livros), cerca de 100 a.C. É importante ressaltar que até os dias atuais a Bíblia hebraica é dividida dessa forma, e não há nenhuma evidência que nos leve a crer que o cânon judaico ainda se desenvolvia nos dias de Jesus, tampouco depois dele. O próprio Jesus reconheceu em Seus dias o Antigo Testamento e o citou como Escritura Sagrada. Os profetas no Antigo Testamento tinham plena consciência de terem recebido uma revelação da parte de Deus e de estarem debaixo de Sua total influência e direcionamento durante o anúncio e o registro da mensagem revelada. Eles nem sempre compreendiam a mensagem, o que prova que não interferiam nela como seres humanos, mas estavam conscientes de que se tratava de revelações de Deus.

Os profetas, diferentemente do que muitos possam pensar, não entravam numa espécie de transe ao receber, anunciar e registrar a revelação de Deus. Eles estavam conscientes, no entanto totalmente cativos a Deus. A revelação divina era registrada para que fosse enviada a diversos lugares e pessoas, para conservar sua integridade para dias vindouros e para ser usada como uma espécie de memorial ou testemunho contra o povo.

Os livros do Antigo Testamento foram escritos na língua hebraica. Percebemos que, durante a época do Antigo Testamento, quando o Livro da Lei foi perdido, o povo acabou se distanciando de Deus. Ao ser resgatado, sua leitura causou comoção no povo, o que nos leva a concluir de forma muito clara a imensa relevância, autoridade e necessidade do registro da Palavra de Deus. A leitura da mensagem escrita de Deus causou grandes avivamentos na história, desde os dias de Esdras no Antigo Testamento até os dias atuais. Isso comprova o efeito que a Palavra de Deus produz nas pessoas justamente por ela ser a Palavra de Deus.

Ao passo que os livros do Antigo Testamento eram escritos, sua autoridade também era imediatamente reconhecida e colecionada pelo povo de Deus. Embora não se saiba ao certo quanto tempo levou para desenvolver todo o Antigo Testamento, sabemos que com Neemias (400 a.C.) conclui-se a coleção dos 24 livros do cânon hebraico (39 das nossas versões em português). Há livros chamados de apócrifos, os quais não possuem os pré-requisitos exigidos para serem considerados inspirados e autoritativos. Esses livros foram escritos durante um tempo em que já não havia mais profecias em Israel, e eles mesmos não reivindicam sua inspiração, portanto não foram incluídos no cânon bíblico.

A formação do cânon do Novo Testamento foi gradativa e mais lenta do que a do Antigo Testamento, no que diz respeito ao reconhecimento unânime. Diferentemente do período do Antigo Testamento, no período neotestamentário, quando um livro era reconhecido como autoritativo e divinamente inspirado, ele não era colecionado e preservado em um só lugar, como acontecia com a comunidade de Israel. As coleções passaram a ser formadas em lugares distintos, e só depois de quatro séculos é que foram unificadas e aceitas por todos.

Quando o apóstolo Pedro menciona a respeito de "todas as epístolas" (de Paulo) em 2Pedro 3.15,16, isso nos leva a perceber que os apóstolos adotavam a prática de colecionar os escritos sagrados, visto que Pedro teve acesso a todas as cartas de Paulo. À medida que os livros eram escritos, eram também acrescentados às demais Escrituras. No entanto, não se sabe ao certo a data e a maneira exata como as primeiras coleções de livros do Novo Testamento foram formadas.

O que sabemos é que no início do segundo século as cartas de Paulo (*corpus paulinum*) já circulavam em forma de coleção, no final do primeiro século os quatro Evangelhos (Mateus, Marcos, Lucas e João) já constituíam uma "unidade integrada" e aproximadamente no ano 170 a harmonia dos Evangelhos já era conhecida. Os livros inspirados no Novo Testamento foram reconhecidos pela sua origem — seja ela dos apóstolos, seja de pessoas diretamente ligadas a eles (apostolicidade).

Já no segundo século, a igreja passou a estabelecer quais livros deveriam ser usados e quais evitados; também definiu quais deveriam ser traduzidos para outras línguas, a fim de edificar aqueles que não compreendiam o grego, uma vez que os livros do Novo Testamento foram todos escritos nesse idioma. Dessa forma, surgiu o cânon do Novo Testamento, embora a maneira como essa lista foi formada não esteja completamente clara para todos nós.

Embora o cânon tenha se encerrado com o último dos apóstolos, somente no quarto século houve unanimidade na igreja no tocante a quais livros deveriam fazer parte da lista canônica. Os apóstolos podem ser considerados uma espécie de "cânon vivo", uma vez que foram testemunhas oculares das obras de Jesus e de Sua ressurreição. Eram eles que tinham autoridade para desmentir lendas e crendices que circulavam naquela época. Por isso, o testemunho e a autoridade dos apóstolos de Cristo foram essenciais para o reconhecimento dos livros inspirados.

Os apóstolos não falavam por sabedoria humana, mas pela ação do Espírito Santo de Deus. Os critérios para reconhecimento do cânon do Novo Testamento foram extremamente rigorosos, e esse processo repleto de critérios meticulosos, que consumiu quase quatro séculos, é um resguardo no que diz respeito a crermos com segurança de que o que temos hoje é a revelação de Deus, tanto no Novo quanto no Antigo Testamentos.

A autoridade dos livros pertencentes ao cânon do Novo Testamento está arraigada na autoridade de Jesus, atribuída aos apóstolos. Deus jamais nos deixaria com suposições ou lacunas. É exatamente porque Ele jamais agiria assim, que nos deixou um cânon fechado com Sua revelação da criação até o futuro da redenção, na qual podemos crer e confiar e que para nós é suficiente. Deus é imutável e, bem como a Sua Palavra:

O céu e a terra passarão, mas as minhas palavras
jamais passarão (Mt 24.35).

PARTE 2: Se a Bíblia foi escrita por homens, como posso crer que ela é a Palavra de Deus?

Antes de examinar as razões pelas quais podemos crer que a Bíblia é a Palavra de Deus, é importante entendermos que Deus não se limita às Escrituras. Aliás, Deus é infinito, isto é, ilimitado. Não há limites para Deus, que se revela de diferentes maneiras, quando quer e como lhe apraz.

Como vimos anteriormente, a Bíblia é a nossa fonte externa do conhecimento de Deus e a revelação verbal de Deus. No entanto, desde a criação do mundo Deus tem se revelado. Deus não se revela apenas por intermédio das Escrituras, mas também o faz por meio da natureza, em três diferentes aspectos: 1) Na criação, pelo ato criador, uma vez que a própria criação é a fala de Deus, pois, afinal, Ele fala até mesmo sem a necessidade de palavras; 2) na providência, que está no fato de o resultado de o ato criador ser mantido de forma permanente e contínuo; 3) no ser humano, criado à imagem e semelhança de Deus, o que o distingue de todo o restante da criação material, fazendo que ele seja uma revelação de Deus (Rm 1.19).

O ápice da revelação de Deus se dá em Cristo Jesus, que é o Verbo encarnado, e foi justamente o fato de o homem ter sido criado à imagem de Deus que viabilizou a encarnação de Jesus. E como podemos estar certos de que Deus se revela na natureza? Podemos citar aqui diversos salmos que são conhecidos como "salmos da natureza", os quais apresentam Deus como soberano criador e mantenedor de todo o universo, ressaltando a natureza como um meio pelo qual Ele se revela, a saber, Salmos 8, 19, 29, 65, 93, 104 e 147.

Os salmos da natureza enaltecem e enfatizam a soberania de Deus sobre a Sua criação. A natureza não recebe e não vindica para si um título de deidade como no conceito panteísta. A divindade está em Deus, criador do céu e da terra e, consequentemente, da natureza. Até mesmo os pagãos conhecem Deus (Rm 1.21) e respondem à revelação geral do Senhor na tentativa de ocultá-la e deturpá-la (At 17.29). O paganismo é resultado da reação do homem à revelação geral de Deus (natureza) por meio de um conhecimento corrompido que o homem tem de Deus. Gostaria de citar aqui um evento muito interessante que ocorreu com o apóstolo Paulo em Atenas, relatado em Atos 17.22-24:

> *Então Paulo levantou-se na reunião do Areópago e disse: "Atenienses! Vejo que em todos os aspectos vocês são muito religiosos, pois, andando pela cidade, observei cuidadosamente seus objetos de culto e encontrei até um altar com esta inscrição: AO DEUS DESCONHECIDO. Ora, o que vocês adoram, apesar de não conhecerem, eu lhes anuncio.*

*O Deus que fez o mundo e tudo o que nele há é o
Senhor do céu e da terra, e não habita em santuários
feitos por mãos humanas".*

Quão interessante é perceber que, ainda que estejamos falando sobre uma sociedade pagã, a religiosidade era um aspecto inegável entre eles. O ser humano é inerentemente um ser religioso, ou seja, possui a necessidade de adorar e cultuar alguma coisa e, na ausência do conhecimento verdadeiro de Deus, acaba por cultuar qualquer coisa, até a si mesmo. E foi exatamente isso que aconteceu naquele lugar por onde o apóstolo passava.

Os atenienses se vangloriavam em seu politeísmo. A revelação geral recebida pela razão contaminada e prejudicada pelo pecado se converte em idolatria. Eles distorceram a revelação encontrada na natureza e perverteram a verdade de Deus. No entanto, isso mostra que, de uma forma ou de outra, eles foram impactados pela revelação geral, o que prova que ninguém está isento de prestar contas a Deus com a desculpa de que não fazia a menor ideia de que Ele existia. Como não? A natureza revela quem Ele é, ainda que distorçamos essa revelação e pervertamos a Sua verdade.

A revelação geral (natureza) é suficiente para anunciar aos homens a existência de Deus, mas, no que diz respeito à salvação dos homens, as Escrituras, que são uma forma de revelação especial por meio da iluminação do Espírito Santo, se fazem necessárias. E é justamente para isso que elas chegaram até nós. Jesus, o nosso Salvador, é o centro de toda a Bíblia. Mas nem sempre foi assim. Nem sempre o ser humano necessitou de uma revelação com caráter redentivo. A penetração do pecado na humanidade por meio da queda de Adão e Eva foi uma questão determinante no rumo da história e na forma como o homem passou a enxergar a Deus.

Antes da queda, não havia necessidade de uma revelação especial com caráter redentivo, pois os atos e as palavras de Deus estavam unificados de forma indivisível, o homem desfrutava de uma perfeita comunhão com Deus e não havia pecado. Mas, após terem pecado, Adão e Eva se esconderam de Deus e tentaram evitá-Lo. Antes, o homem era alvo da bondade de Deus, mas não da Sua graça, uma vez que ela não se fazia necessária.

A revelação especial antes da queda foi feita para o relacionamento do ser humano com Deus e, após a queda, para a salvação. Antes da queda, a revelação especial estava incorporada na 1) Revelação verbal, quando Deus decreta a criação do mundo e chama Adão e Eva a um pacto de obras; 2) na revelação simbólica, por meio do próprio jardim do Éden, que era um símbolo da comunhão com Deus, da árvore da vida, que era um símbolo da vida eterna, e da árvore do conhecimento do bem e do mal; e 3) na revelação teofânica, quando Deus se manifestava ao homem.

Antes da queda, esse tipo de revelação era pré-redentiva, ou seja, não foi o pecado que levou Deus a se revelar. Ele já se revelava de forma especial. Mas foi a partir da queda que a revelação se tornou um obstáculo para o ser humano. Apesar disso, Deus continuou se revelando. A revelação especial ganhou um caráter redentivo, e o conceito de graça então entrou na história da humanidade. Somente por meio das Escrituras, com a iluminação do Espírito Santo, podemos ter um conhecimento verdadeiro de Deus com relação à Sua obra redentiva, e essa revelação é infalível, inerrante e suficiente com relação aos Seus propósitos.

A fonte da revelação especial é a Bíblia, ainda que ela não seja a única maneira, de modo especial, pela qual Deus se revelou. A Bíblia é o que temos hoje ao alcance de nossas mãos e que traz em si o registro inspirado da revelação de Deus. A revelação está incorporada nas Escrituras. Quer a revelação geral, quer a revelação especial são de Deus, o qual é tanto o objeto quanto o sujeito da revelação.

Parte 3: Você deve estar se perguntando: "Mas por que eu deveria confiar nesses escritos se eles foram viabilizados por mãos humanas? Como ter a plena certeza de que não houve falhas ao longo do caminho ou que os textos não foram adulterados por seus escritores?"

Essas são perguntas de um milhão de dólares para as quais existem fortes argumentos.

Não é de surpreender que façamos questionamentos com relação a diversos assuntos, sejam de cunho religioso ou não. Fomos criados com uma racionalidade e, portanto, é de esperar que pensemos e que questionemos diversas coisas. Crer é também pensar, diria o teólogo John Stott. Mas vamos por partes. Primeiramente, gostaria de lembrar você de que toda a Escritura, e não apenas parte dela, é inspirada por Deus. O teólogo Clark H. Pinnock diz:

> Toda a Escritura é inspirada por Deus e é a Palavra de Deus escrita ao homem, infalível e inerrante, na forma como foi

originalmente dada. A inspiração divina é plenária, verbal e confluente. Por ser a própria Palavra de Deus, a Escritura possui autoridade, suficiência, clareza e eficácia. O propósito central da Escritura é apresentar Cristo.

Não existe níveis de inspiração na Bíblia — toda a Bíblia é dada por Deus, e são as Escrituras que chamamos de inspiradas, e não os seus autores humanos. As pessoas que escreveram os livros da Bíblia estavam, sem a menor sombra de dúvida, sob a ação e direção do Espírito, mas elas não estavam inconscientes ou em uma espécie de transe. A Bíblia é intrinsecamente a Palavra de Deus, e não apenas um registro da revelação. Ela é a própria revelação. O que a Bíblia diz é o que o Senhor diz. No entanto, o fato de a Bíblia ser a Palavra de Deus não significa que ela não possa ser mal compreendida ou complexa em determinadas questões. Além disso, o fato de ela ter sido inspirada por Deus não elimina as possibilidades de ser distorcida e vilipendiada.

Vamos ao primeiro argumento que me faz crer que a Bíblia é a Palavra de Deus de Gênesis a Apocalipse e que o fato de ter sido viabilizada por mãos humanas não a torna menos divina: por causa de Jesus Cristo e Sua ressurreição. Ou Jesus era quem Ele dizia ser, ou era um excelente mentiroso ou um lunático. Só existem três possibilidades. Contudo, a grande questão é: Como sustentar uma mentira por mais de dois mil anos?

Nunca, em toda a história do cristianismo, alguém foi capaz de desmentir a ressurreição de Jesus de forma incontestável. Existem muitos que se opõem a esse fato, mas que não foram capazes de cabalmente provar sua tese. Então, se Jesus realmente ressurgiu dos mortos, como creio que Ele o fez, Ele realmente é quem dizia ser. E, porque Jesus cria na Bíblia, eu também creio.

Como vimos anteriormente, Jesus considerava o Antigo Testamento como a Palavra de Deus e o mencionou diversas vezes durante Seus discursos. No que diz respeito ao Novo Testamento, não me restam razões para descrer, levando em consideração que é a autoridade de Jesus que repousa sobre todo o cânon neotestamentário. Toda crença, espiritual ou não, envolve pressuposições.

Se questionarmos a um cientista por que ele crê na ciência, ele usará argumentos científicos para responder à questão. Ou seja, seus argumentos são pressuposições que o levam a crer naquilo que ele crê. A mesma coisa acontece com a Bíblia. Se alguém me questionar sobre por que creio na Bíblia, o meu pressuposto será a minha fé, que, por sua vez, me leva a crer na existência de Deus. Partimos da premissa de que a Bíblia é a Palavra de Deus e, por ser a Palavra de Deus, tudo o que ela relata é verdadeiro.

Eu não creio porque conheço a Deus. Ao contrário, eu conheço a Deus porque creio. Sem fé é impossível agradar a Deus e, logo, sem fé é impossível conhecê-Lo. E Deus pode ser provado? Não. Deus se revela e, portanto, se faz conhecer entre os seres humanos. Mas não sabemos tudo sobre Ele porque, se Ele coubesse em nossa mente, seria finito e limitado e, portanto, não poderia ser o nosso Deus, já que um dos atributos de Deus é Sua infinitude.

Outro forte argumento com relação à origem divina da Bíblia está nas profecias que se cumpriram em Jesus. A profecia relatada em Isaías 9.1,2 se cumpriu perfeitamente em Jesus, que exerceu Seu ministério primordialmente na região da Galileia junto ao rio Jordão. A profecia que está relatada no Salmo 78.2 descreve exatamente a forma como Jesus ensinava: por meio de parábolas. O que dizer sobre a entrada triunfal de Jesus em Jerusalém, a qual está claramente relatada em Zacarias 9.9?

Quando Jesus foi preso, manteve-se calado, não contestando nenhuma acusação que Seus inimigos fizeram para conseguirem condená-Lo, e isso foi predito por Isaías e registrado em seu livro no capítulo 53, versículo 7. O texto do Salmo 22.16 predisse que Jesus teria os pés e as mãos perfurados, e assim aconteceu. As vestes de Jesus foram divididas, e sorte foi lançada sobre elas para ver quem ficaria com Sua túnica, o que também foi predito no Salmo 22.18.

Quando Jesus teve sede na cruz, alguém deu a Ele fel e vinagre para beber, conforme predito pelo salmista no Salmo 69.21. Quando Jesus foi zombado na cruz, mais uma profecia se cumpriu, a do Salmo 22.7,8. Diversas profecias foram feitas por diferentes profetas no Antigo Testamento com relação ao nascimento, ao ministério, à traição, ao julgamento, à morte e ao sepultamento de Cristo, e elas foram feitas em momentos distintos, num intervalo de quinhentos anos, entre 1000 e 500 a.C.

Todas essas profecias se cumpriram perfeitamente em Jesus. Além delas, não posso deixar de listar as diversas profecias do Novo Testamento que têm se cumprido ao longo dos séculos: desastre naturais, guerras, pestilências, esfriamento do amor e apostasia, entre outras. A Bíblia pode ser considerada mais atual do que o jornal de amanhã. Expõe a verdade dos fatos de forma que somente ela é capaz de fazer. Mais de seiscentas profecias bíblicas já foram incontestavelmente cumpridas, o que valida de forma objetiva a sobrenaturalidade das Escrituras.

No que diz respeito ao fato de Deus ter usado homens para registrar Sua revelação verbal, seria honesto e razoável levar em consideração que ser humano algum em sua condição humana e falível jamais seria capaz de escrever um livro isento de contradição — que dirá quarenta autores de diversas esferas da vida, de reis a pescadores, em tempos completamente distintos, ao longo de 1.500 anos ou mais, e considerando que muitos nem sequer conheceram uns aos outros. Nenhum ser humano seria capaz de produzir uma combinação tão bem elaborada de livros ao longo de quinze séculos. Não devemos nos esquecer também da milagrosa maneira por meio da qual os manuscritos foram preservados para que não se perdessem.

Quando estive em Israel, visitei o Museu de Israel, que está localizado na cidade de Jerusalém, e lá tive a oportunidade de conversar por muito tempo com um judeu messiânico e grande conhecedor de história. Ele me falou a respeito das cópias dos livros do Antigo Testamento encontradas na região do mar Morto, também conhecidos como manuscritos do mar Morto, os quais contêm todos os livros do Antigo Testamento, com exceção de Ester, datados de um período antes de Cristo e que sobreviveram ao tempo. Como explicar esse fato? Por isso, insisto em argumentar que uma análise justa e zelosa das Escrituras seria o bastante para nos levar a crer que, sim, ela só pode ser obra de Deus.

A Bíblia não contradiz a ciência; ao contrário, traz acurácia científica. Lembremos que a ciência não é autoexistente; foi criada por Deus, que é antes de todas as coisas serem. Se a

A Bíblia **não contradiz** a ciência; ao contrário, **traz acurácia** científica. Lembremos que a ciência não é autoexistente; foi criada por Deus, que **é** antes de todas as coisas serem.

Bíblia não fosse divinamente inspirada, como homens comuns e desprovidos de tecnologia científica registrariam fatos que são hoje comprovados pela ciência? Entre muitos outros versículos, citamos:

- Isaías 40.22 — a forma redonda da Terra;
- Isaías 55.9 — a proporção do céu com relação à terra;
- 2Pedro 3.7 — a lei de conservação de massa e energia;
- Eclesiastes 1.7 — o ciclo hidrológico;
- Jeremias 33.22 — a vastidão das estrelas;
- Salmo 102.25,26 — relato perfeito da lei da entropia;
- Levítico 17.11 — a importância do sangue para a vida;
- Eclesiastes 1.6 — a circulação atmosférica;
- Jó 26.7 — o campo gravitacional.

É claro que a linguagem usada nesses textos não tem cunho científico como conhecemos nos dias de hoje; no entanto, é irrefutável a ideia científica contida em cada um desses relatos.

Talvez seja um devaneio para a mente humana imaginar o mar Vermelho se abrindo, Noé construindo uma arca gigantesca, Jesus caminhando sobre as águas e ressurgindo dos mortos, a terra tremendo para que as portas da cadeia onde Paulo e Silas estavam presos se abrissem, entre tantos outros eventos sobrenaturais sobre os quais lemos na Bíblia. Talvez seja mais fácil acomodar nossa mente em sua zona de conforto ou ainda prendê-la em uma jaula epistemológica.

Podemos também nos render à ideia de que a dúvida universal e permanente é um resultado normal da inteligência humana e, portanto, podemos ser céticos com relação à inerrância, infalibilidade e inspiração das Escrituras. Mas, se olharmos para o cosmos e tudo o que nele há, perceberemos que há uma voz que grita em silêncio em meio à criação, na maneira em que as estrelas se sustentam no firmamento sem despencarem sobre nossa cabeça, na forma como a lua age nas marés e na vida do nosso planeta e na maneira sobrenatural em que um bebê é gerado no ventre de uma mulher. Existe uma inteligência imensurável por trás disso, e é legítimo considerarmos que, se Deus criou todo o universo em apenas seis dias, usar homens de forma perfeita para registrar Sua revelação não seria nada difícil para Ele.

Assim, concluo este capítulo com a seguinte reflexão: se a influência humana interferisse negativamente na origem divina da Bíblia, Jesus também não poderia ter encarnado sem pecado algum, já que encarnou como homem. Por isso, é totalmente plausível que a providência de Deus intervenha de forma sobrenatural no curso da história, absolutamente livre de erros.

CAPÍTULO 3

OS EVANGELHOS

O que são? Para que servem? Para quem foram escritos? Essas são perguntas que muitos de nós fazemos; afinal, nem sempre essas respostas estão tão claras. E é exatamente por isso que Deus nos encoraja a estudar e a nos aprofundar em Sua Palavra a fim de que compreendamos o plano que Ele nos revelou por intermédio das Escrituras. Não há outra forma de ganharmos clareza e compreensão a respeito da obra de Deus e da pessoa de Jesus sem examinarmos as Escrituras incessante e constantemente.

A fim de entender a urgência do evangelho para hoje, foco central deste livro, é imperativo conhecer os Evangelhos, por isso encorajo o caro leitor a lê-los nas Escrituras Sagradas com afinco e comprometimento. Nenhuma obra literária pode ou deve substituir as Escrituras. Elas devem ter sempre a primazia em nossa vida sobre todo e qualquer outro livro, porque a Bíblia não é um livro qualquer — ela é a boca de Deus.

Antes de nos aprofundarmos mais a respeito dos Evangelhos, que inauguram o Novo Testamento, gostaria de trazer um breve panorama usando o Antigo Testamento como pano de fundo da história que nos leva à chegada de Cristo.

E SE NÃO HOUVESSE AMANHÃ?

O Antigo Testamento se encerra com o profeta Malaquias, aproximadamente 430 anos antes de Cristo. Malaquias fazia parte da segunda geração dos hebreus que voltaram do cativeiro babilônico iniciado em 586 a.C. e que perdurou por setenta anos, até 516 a.C., quando o povo de Deus retornou para sua terra.

Naquele tempo, o Império Medo-Persa governava o mundo, que mais tarde seria conquistado por outro — o Império Grego-Macedônico, liderado por Alexandre, o Grande, que conseguiu de forma expansiva disseminar a cultura grega pelo mundo. Depois da morte precoce de Alexandre, o Grande, aos 33 anos, pelo fato de não haver herdeiros, seu território foi dividido em quatro áreas, as quais passaram a ser lideradas por quatro generais.

Em dado momento, houve uma tentativa de impor a cultura helênica e a religião politeísta da Grécia a certas regiões, e o templo de Jerusalém foi profanado, a ponto de um porco (que é considerado um animal imundo pela religião judaica) ser sacrificado no altar do templo. Isso provocou uma revolta que ficou conhecida como Revolta dos Macabeus. Judas Macabeu liderou várias batalhas contra os dominadores e triunfou sobre o inimigo; esse território se tornou, então, independente, e os macabeus passaram a governar essa região.

No entanto, no ano 63 a.C., um romano chamado Pompeu dominou a região, dando início ao domínio dos romanos na Palestina, com a vassalagem de Antípatro, pai de Herodes, o Grande. Após a morte de seu pai, Herodes assumiu o controle do governo. Ele era dotado de uma personalidade controversa e andava sempre desconfiado de tudo e todos, fato que o levou

Os Evangelhos

a casar diversas vezes e a matar diversas pessoas, incluindo esposa e filhos, de forma truculenta. Herodes, o Grande, tinha mania de grandeza e mandou construir palácios e templos em Jerusalém.

Tive a oportunidade de conhecer as ruínas da fortaleza de Massada, construída a mando de Herodes no meio do deserto próximo ao mar Morto, cuja complexidade, beleza e arquitetura são capazes de deixar qualquer engenheiro boquiaberto. Também tive o grande privilégio de ver a gigantesca maquete localizada no Museu de Jerusalém, que ilustra de forma realística e perfeita a cidade de Jerusalém nos tempos de Jesus, incluindo, obviamente, o templo construído por Herodes.

Herodes, o Grande, também construiu o porto de Cesareia, um palácio em Cesareia Marítima sobre a água do mar, desafiando a física e os recursos arquitetônicos da época, entre outras grandiosas obras. Esse homem governava toda a região da Judeia como rei dos judeus na época em que Jesus nasceu, em Belém. Ao saber que o rei prometido aos judeus havia nascido, Herodes, o Grande, se exaltou e mandou matar todas as crianças de até 2 anos de idade, do sexo masculino, de toda aquela região, na tentativa de exterminar Jesus. Um anjo de Deus então apareceu a José e ordenou que eles fugissem com Jesus para o Egito e lá permanecessem até a morte de Herodes.

Com a morte de Herodes, o Grande, no ano 4 d.C., seu domínio foi dividido entre seus quatro filhos. Vale ressaltar que quem estabeleceu o governo de Herodes foram os romanos, e não os judeus. Com isso, concluímos que o território da Palestina, ao tempo do encerramento do Antigo Testamento sob o domínio grego, agora está sob o domínio de outro povo, os romanos. É com esse pano de fundo que se inicia a história narrada pelos Evangelhos sobre o Verbo que encarnou e viveu entre nós.

Neste capítulo apenas esboçarei, de forma bem resumida, o foco e o propósito de cada um dos Evangelhos. Os Evangelhos são livros preciosíssimos. Os apóstolos tinham um apreço tão grande com relação à importância vital evangelho, as boas-novas de Cristo, que o apóstolo Paulo diz aos gálatas que o evangelho jamais pode ser pervertido, e, se homens ou até mesmo anjos do céu apresentassem outro evangelho senão o de Cristo, que fossem amaldiçoados (Gl 1.7-9).

A dedicação e o comprometimento para com o evangelho, e em anunciá-lo continuamente, eram considerados por Jesus atitudes ainda mais importantes do que a própria vida da pessoa. O apóstolo Paulo tinha esse fato em mente, por isso foi um grande líder e pregador do evangelho, até mesmo quando esteve encarcerado. Ele sabia que era vital pregar o evangelho fielmente (Mc 8.35; 1Co 9.16; 2Tm 1.8). A aceitação do evangelho e a obediência a ele resultam na salvação, ao passo que a rejeição e a desobediência trazem destruição (1Pe 4.5, 6, 17; 2Ts 1.6-8).

É exatamente por essa razão que somos ordenados a ir e pregar o evangelho a todas as nações, porque ele é o poder de Deus para a salvação de todo aquele que crê. Em vista desse fato, nossa motivação em pregar o evangelho deve ser sempre pura, e devemos anunciá-lo com ousadia, de todo o coração, por amor aos que o ouvem.

Diferentemente do que muitos possam pensar, não existem duas religiões diferentes ou concorrentes no Antigo e no

Os Evangelhos

Novo Testamentos. A Bíblia e sua mensagem são unívocas. Tudo aquilo que lemos no Antigo Testamento é uma espécie de sombra do Novo Testamento. Todos os fatos narrados naquele período já apontavam para Jesus. Jesus já existia antes de todas as coisas serem, pois Ele é Deus em essência.

Lemos em Gênesis 1.2-4 que o Espírito Santo pairava sobre as águas quando Deus disse *Haja luz*, e que a luz era boa e, portanto, foi separada das trevas. Jesus é a luz do mundo (Jo 8.12). A Trindade já existia antes de todas as coisas serem. Deus já estava em um relacionamento perfeito consigo mesmo por meio das três pessoas da Trindade, que são três partes de uma mesma essência.

Temos certa dificuldade em compreender essa linguagem porque cultivamos a noção de "seres" como "indivíduos" e não conseguimos de forma lógica imaginar três pessoas da mesma essência e natureza. E é exatamente assim a Trindade, conforme nos relatam as Escrituras. Jesus sempre esteve presente em toda a história, pois, afinal, Ele é um com o Pai (Jo 10.30). Então, não podemos assumir que Jesus apareceu no Novo Testamento como um passe de mágica ou como parte de um "novo" plano de Deus.

Deus é onisciente, e seria totalmente controverso e equivocado julgar que, mesmo antes de Adão e Eva pecarem, Ele não tinha o plano da redenção pronto. Há centenas de profecias a respeito de Jesus, assim como há prefigurações de Jesus no Antigo Testamento. Isaías foi considerado um profeta messiânico, pois profetizou mais do que qualquer outro profeta a respeito da vinda de Jesus. Jesus foi prefigurado diversas vezes no Antigo Testamento, seja na provisão do cordeiro para sacrifício em lugar de Isaque no monte Moriá, seja em Melquisedeque (rei de Salém), seja em José, seja no cordeiro pascal, entre tantas outras. Deus usou diversas figuras ao longo da história para nos ensinar de maneira mais clara as verdades da fé.

Por meio desses símbolos, Deus distribuiu através de todo o Antigo Testamento sinais daquilo que se realizaria com a vinda de Jesus, o Messias. Com isso, podemos nos lembrar e estar certos de que é Deus quem rege a história e que é Ele quem nos salva, e não a nossa própria sabedoria. Todas as prefigurações de Jesus no Antigo Testamento devem, essencialmente, ser interpretadas em relação ao Novo Testamento; caso contrário, a nossa interpretação da história será cega.

A palavra "evangelho" vem do grego *euaggelion* e significa boas-novas, ou seja, os Evangelhos trazem as boas-novas sobre Jesus Cristo. No Novo Testamento, os conceitos enredados nessa palavra incluem as boas notícias de salvação, a pregação dessas boas notícias, as boas notícias do reino de Deus, a declaração das boas notícias, as boas notícias de Cristo, e assim por diante. Não nos restam dúvidas a respeito da veracidade e confiabilidade dos Evangelhos, levando em consideração que eles fazem parte do cânon bíblico e, como já vimos no capítulo anterior, o cânon fechado da Bíblia é digno de nossa inteira confiança.

No Novo Testamento, temos quatro Evangelhos — Mateus, Marcos, Lucas e João. Cada Evangelista focou um aspecto do ministério e da vida de Jesus. Os três primeiros Evangelhos são chamados "sinóticos", do grego *synopsis*, ou seja, que apontam para a mesma direção. Apenas o evangelho de João não é

Os Evangelhos

sinótico, pois contém muita informação não encontrada nos outros Evangelhos. No entanto, ele não apresenta nenhuma contradição com os demais Evangelhos.

O evangelho de João, em um sentido, pode ser considerado mais teológico que os demais, dada a complexidade e a profundidade de sua leitura. Quando lidos juntos, os Evangelhos sinóticos nos permitem ter uma visão completa e panorâmica das obras de Jesus. E essa visão se torna ainda mais completa e panorâmica quando os quatro Evangelhos são lidos e analisados em conjunto.

Mateus escreveu aproximadamente antes do ano 70 d.C. para provar que Jesus era o Messias dos judeus. Diga-se de passagem que Mateus foi quem mais citou o Antigo Testamento — nele encontramos sessenta citações veterotestamentárias. Seu maior foco era provar que o Jesus histórico era o Messias de Deus. Mateus começa sua narrativa citando a genealogia de Jesus e traçando um elo entre ele e Abraão e Davi; afinal, sua preocupação era apresentar Jesus como Rei dos Judeus e, nesse caso, a genealogia era imprescindível. Mateus não vindica a autoria do seu Evangelho para si no corpo do texto, mas a autoria é atribuída a ele por uma questão de consenso e convicção de muitos estudiosos e pais da igreja.

Marcos, que não era apóstolo, escreveu seu Evangelho aproximadamente no ano 64 d.C., com base no relato do apóstolo Pedro, e direcionou sua fala aos romanos, os quais se preocupavam demasiadamente com o poder. O foco de Marcos é provar que Jesus era o Servo que tinha poder. É ele quem mais registra as ações de Jesus — poucos discursos e muito trabalho, exatamente o que vemos no evangelho de Marcos. Marcos não se atém a questões genealógicas, pois um Servo não precisa expor sua genealogia.

Lucas em seu prefácio define claramente para quem escreve seu Evangelho, aproximadamente em meados do ano 60 d.C.: Teófilo. Isso obviamente não quer dizer que somente esse homem deveria ler o livro de Lucas, pois era um livro aberto a todos, como assim o é em nossos dias. Teófilo era grego, portanto o evangelho de Lucas era direcionado aos gregos. O foco é provar que Jesus era o Homem perfeito, e é por isso que Lucas relata a ação do Espírito Santo na vida de Jesus e Sua vida de oração.

O evangelho de Lucas pode ser considerado mais universal com relação à salvação, pois enfatiza quanto Jesus se importa com homens, mulheres, crianças, gentios. E é exatamente por essa razão que Lucas não vincula Jesus apenas a Abraão e Davi, mas a Adão, para que Sua origem seja ainda mais expandida, a ponto de apresentá-Lo como o Salvador de todas as nações, e não apenas da nação judaica.

Já o evangelho de João, que foi o último a ser escrito, aproximadamente entre o ano 80 e 96 d.C., não tem por objetivo narrar o ministério de Jesus como os outros três Evangelhos o fazem. Pelo menos metade do evangelho de João se concentra exclusivamente na última semana do ministério de Jesus. A linguagem usada nesse Evangelho não é simplória; ao contrário, há muita complexidade na linguagem usada por João, principalmente para descrever os discursos de Jesus. O foco maior é provar que Jesus é Deus! João não traz a genealogia de Jesus em seu Evangelho justamente por esta razão, se Jesus é Deus, não havia necessidade de mostrar origens, pois Deus não é criado e, portanto, não tem genealogia.

Mateus, o ex-cobrador de impostos, e João foram apóstolos de Cristo. Marcos (cujo nome era João Marcos) foi companheiro de Barnabé e Paulo quando muito novo e depois se tornou ajudante de Pedro, tanto que o evangelho de Marcos é baseado no relato de Pedro. Lucas era médico e historiador; foi companheiro de Paulo e o ouviu pregar a Palavra de um extremo a outro do Império Romano. As prováveis fontes de Lucas foram os Evangelhos de Mateus e de Marcos, além de conversas com os apóstolos, que eram testemunhas vivas e oculares das obras de Jesus.

Lucas era um homem letrado e, embora não fosse judeu, era convertido a Cristo. O seu grego chega muito próximo de uma linguagem clássica, passando bem distante da linguagem popular. Sua inteligência e coerência podem ser vastamente notadas em seus escritos. É interessante citar que o evangelho de Lucas foi escrito na década de 60 d.C., antes da queda de Jerusalém, e nele encontramos profecias detalhadas sobre a queda que de fato se cumpriram.

No evangelho de Lucas, lemos:

Muitos já se dedicaram a elaborar um relato
dos fatos que se cumpriram entre nós, conforme
nos foram transmitidos por aqueles que desde o
início foram testemunhas oculares e servos da palavra.
Eu mesmo investiguei tudo cuidadosamente, desde
o começo, e decidi escrever-te um relato ordenado,
ó excelentíssimo Teófilo, para que tenhas a certeza
das coisas que te foram ensinadas (Lc 1.1-4).

O **Evangelho** é um tipo de literatura que só se pode encontrar nas Escrituras. [...] não pode ser considerado uma biografia de Jesus, pois não narra toda a vida de Jesus, do nascimento até a morte. [...] contam alguns **fatos selecionados** a respeito da **vida** e do **ministério** de Jesus.

Os Evangelhos

Essas afirmações de Lucas deixam bastante claro que muitas literaturas foram produzidas a respeito da vida e das obras de Jesus naquele tempo. Aliás, vale ressaltar que nunca se produziu tanta literatura quanto nessa época. Jesus causou enorme revolução na literatura. No entanto, os relatos de Lucas eram baseados nas narrativas de testemunhas oculares, como ele próprio afirmou. Aquelas pessoas ainda estavam vivas e tinham testemunhado as coisas a respeito das quais Lucas escrevia. Lucas afirma que tudo aquilo que Jesus fizera e dissera era *crido com máxima firmeza*. Lucas ainda garante ter realizado uma cuidadosa investigação, por meio da qual chegou a evidências relevantes e confirmações do que ele estava prestes a relatar a Teófilo, para confirmação de sua fé.

O Evangelho é um tipo de literatura que só se pode encontrar nas Escrituras e em nenhuma outra fonte. Alguns falsos Evangelhos chegaram a ser produzidos e foram rejeitados pela igreja, o que fez com que eles jamais entrassem para o cânon bíblico. O Evangelho não pode ser considerado uma biografia de Jesus, pois não narra toda a vida de Jesus, do nascimento até a morte. Resumidamente, os Evangelhos contam alguns fatos selecionados a respeito da vida e do ministério de Jesus.

Diante de todas essas observações, concluímos que não há razão para duvidarmos dos Evangelhos. Sem a ação sobrenatural do Espírito Santo de Deus, não seria humanamente viável que três autores (Mateus, Marcos e Lucas) escrevessem, em datas diferentes, três Evangelhos, sem contradição nenhuma entre si, com riqueza de semelhança nos detalhes e com relatos alicerçados em testemunhas oculares. O evangelho de João é a obra literária mais importante da História.

Nenhum escrito do grego clássico chega aos pés dos escritos bíblicos do Novo Testamento e, ao contrário do que muitos possam pensar, o evangelho é racional e pode ser considerado uma ciência exata por seu caráter inerrante, infalível e livre de contradições. Não há explicações razoáveis do ponto de vista humano para a sensação que temos quando lemos a Bíblia, porque de fato não somos nós quem a lemos; é ela quem nos lê. Estou convencida de que é mais difícil e mais desafiador não crer do que crer. Jesus nos Evangelhos é o ápice da revelação de Deus, e Ele é para hoje — jamais podemos deixá-Lo para amanhã.

CAPÍTULO 4

REFÉNS NA
CASA DO VALENTE

*Ninguém pode entrar na casa do valente para
roubar-lhe os bens, sem primeiro amarrá-lo;
e só então lhe saqueará a casa.* (Mc 3.27)

Conforme lemos no capítulo 1 de Marcos, logo após apregoar
sobre a vinda do reino de Deus, Jesus opera maravilhas. Ele
chama Simão Pedro e André para O seguirem, ensina com uma
autoridade nunca antes vista, expulsa demônios e cura enfer-
mos. Ainda que muitos estivessem maravilhados com os feitos
de Jesus, nem todos estavam contentes com isso.

No capítulo 3 do evangelho de Marcos, notamos que tanto a
obra quanto o caráter de Cristo são colocados em cheque pelos
religiosos da época e até mesmo por seus familiares. Os escri-
bas contestam a fonte da autoridade de Jesus, atribuindo-a a
Satanás, o maioral dos demônios. Os religiosos acusam Jesus
de expulsar demônios pelo poder e pela autoridade do próprio demônio, como se isso fosse possível. Em réplica, Jesus os

questiona: *Como pode Satanás expulsar a Satanás?*, ou seja, se Ele estivesse sob a autoridade do príncipe dos demônios, como poderia agir contra o próprio demônio?

A resposta me parece muito óbvia. Afinal, as batalhas de Jesus contra o império das trevas durante todo o Seu ministério invalidam completamente a acusação de que Ele teria parte com Satanás. E, além disso, *se um reino estiver dividido contra si mesmo, não poderá subsistir* (Mc 3.24). A batalha não era entre demônios, mas entre dois reinos: o de Deus e o das trevas. Jesus, então, continua Sua réplica em forma de parábola e ressalta que *ninguém pode entrar na casa do valente e levar dali os seus bens, sem que antes o amarre. Só então poderá roubar a casa dele* (Mc 3.27). E é nessa afirmação que encontramos a chave para muitas questões: Jesus relata que veio amarrar o valente (Satanás) com o intuito de que Ele mesmo, como mais valente ainda (cf. Mc 3.27), possa "saquear" os bens da casa de Satanás.

Logo na sequência, em Marcos 3.28, Jesus diz que todos os pecados e blasfêmias dos homens serão perdoados (pois Ele tem autoridade para fazê-lo), e isso nos leva a concluir que o perdão é um *resultado imediato* de Jesus amarrar o valente. *Todos os pecados serão perdoados*, afirma Jesus — não há um pecado sequer, uma blasfêmia sequer, que esteja fora da alçada "legal" de Jesus para ser perdoado. O perdão de Jesus é completo e irrestrito.

Antes de explorarmos um pouco mais o tema central deste capítulo, julgo necessário expor algumas questões fundamentais, as quais servem de pano de fundo da história da humanidade e alicerçam o entendimento do que realmente Jesus quis dizer com "reféns na casa do valente". O que Jesus fala na

... o **perdão** é um resultado imediato de Jesus **amarrar o valente**. *Todos os pecados serão perdoados*, afirma Jesus — não há um pecado sequer, uma blasfêmia sequer, que esteja fora da alçada "legal" de Jesus para ser perdoado. O perdão de Jesus é **completo** e **irrestrito**.

parábola do valente é bastante específico: Ele se refere a uma espécie de assalto, e os bens envolvidos nesse cenário são as pessoas que estão perdidas e, portanto, debaixo do poder e da autoridade de Satanás. E por que essas pessoas estão debaixo do poder de Satanás?

Voltemos ao princípio, ao livro de Gênesis. Gênesis significa "começo", e é nesse livro que encontramos o começo da história da humanidade e o plano inicial de Deus com respeito à Sua criação. Deus criou o céu e a terra e tudo o que neles há. Gênesis 2 relata a criação do homem do pó da terra, o qual recebeu o fôlego da vida em suas narinas e se tornou alma vivente (Gn 2.7). O homem passou, então, a viver em um lugar especial chamado Éden, onde Deus plantou um jardim do qual o homem tirava o seu alimento, pois ali havia muitas árvores boas e agradáveis aos olhos. Havia também uma árvore específica chamada nas Escrituras de "árvore do conhecimento do bem e do mal".

Deus deu uma ordem expressa ao homem: que comesse livremente de *todas* as árvores do jardim, exceto da árvore do conhecimento do bem e do mal, pois, caso o fizesse, certamente morreria (Gn 2.16,17). Esse foi o pacto de obras que Deus firmou com a raça humana, com o primeiro homem — Adão. Adão não havia sido criado para a morte, mas para a vida eterna, e Deus deu a ele capacidade de não pecar. No entanto, Adão falhou ao desobedecer à ordem de Deus e quebrar o pacto de obras que havia sido firmado entre Deus e o homem.

Adão não foi deixado por Deus com poucas opções — havia muitas árvores no jardim, das quais ele poderia comer livremente. Apenas uma era proibida. Mas isso não foi suficiente para o primeiro casal. Eles falharam sobremaneira, e as Escrituras relatam em Gênesis 3 a maior tragédia da humanidade: a queda do homem. Essa tragédia é atribuída pelas Escrituras a Satanás, um ser caído e maligno. Sua sagacidade e astúcia foram usadas para enganar Eva, pois a serpente garantiu à mulher que eles não morreriam se comessem o fruto daquela árvore; ao contrário, eles se tornariam conhecedores do bem e do mal. O pai da mentira os ludibriou fatalmente ao dizer que aquele fruto não lhes traria a morte, e, de fato, Adão e Eva não morreram instantaneamente. Mas o resultado de sua desobediência foi trágico: o pecado, cuja consequência é a própria morte, passou, então, a ser uma realidade para a raça humana.

A partir daquele momento, os olhos do primeiro casal foram abertos, e eles perceberam sua nudez, que lhes causou vergonha, e se esconderam da presença de Deus (Gn 3.7,8). Notamos com esse relato exatamente o que o pecado causa, além da morte: vergonha e medo — é exatamente isso que ele faz. Adão e Eva foram, então, expulsos daquele lugar de bênção, e as duras consequências do pecado começam a ser percebidas já em Caim, o primeiro homicida da história, que matou o próprio irmão por inveja (Gn 4.8).

É necessário entender que a história bíblica não se divide em duas rotas: plano A e plano B. Os planos de Deus são sempre assertivos, e Ele jamais precisou de *backups* para consertar um erro que Ele jamais cometeu e cometerá. O plano da redenção já existia em Cristo Jesus mesmo antes da queda do homem. Deus é eterno, onisciente, soberano e perfeito, e Jesus sempre foi a solução da humanidade mesmo antes que a humanidade "carecesse" de uma solução.

A Bíblia tem uma linguagem unívoca, isto é, homogênea. Ela não se divide em planos que deram certo e planos que deram errado. Ter essa consciência é imprescindível para a construção da cosmovisão sobre a qual tratamos neste livro. O pacto de obras precedeu o pacto da graça apenas por uma questão lógica: antes, o homem era alvo apenas da bondade de Deus e, depois de pecar, tornou-se também alvo de Sua graça redentora. Em ambos os casos, porém, Deus continua sendo bom e misericordioso.

A grande diferença é que, a partir da queda, toda a história passa a apontar para a vinda de Jesus, e absolutamente ninguém foi salvo no Antigo Testamento pelas obras da lei ou pelo próprio esforço: todos que foram salvos o foram pela fé. Por isso, Abraão é chamado de "nosso pai na fé", pois creu em Deus e sua fé lhe foi imputada como justiça (Gn 15.6). Nossa fé em Cristo nos é imputada como justiça, pois nEle e por meio de Suas obras somos justificados.

O Antigo Testamento serve como uma preparação de campo para a vinda do Messias, e a vinda do mais valente (o Messias) fez-se necessária para que o valente (Satanás) fosse amarrado e seus despojos fossem saqueados. É a partir da vinda de Jesus que o reino de Deus é instaurado especificamente no que diz respeito ao avanço contra as trevas em uma batalha jurídica por direito e legitimidade.

A grande maioria das pessoas pensa na queda de Satanás como sua expulsão do céu no início de tudo, ainda em Gênesis. Mas o que aprendemos, ao analisar as Escrituras mais profundamente, é que a queda de Satanás antes de Gênesis 3 foi uma *queda moral*, e não uma expulsão literal, no sentido de que ele estaria restrito de acessar o céu. Lemos no livro de Jó que Satanás tinha livre acesso a Deus e se aproximava dEle com um único propósito: acusar os homens de seus pecados e cobrar, de forma legítima, as suas consequências, como fez com Jó.

> Num outro dia os anjos vieram apresentar-se
> ao SENHOR, e Satanás também veio com eles
> para apresentar-se. E o SENHOR disse a Satanás,
> "De onde você vem?" Satanás respondeu ao SENHOR:
> "De perambular pela terra e andar por ela". (Jó 2.1,2)

Observe nesses versículos que Satanás veio junto com os anjos se apresentar a Deus, o que nos leva a entender que ele tinha acesso ao céu, ainda que não morasse mais nele. Afinal, um ser maligno não pode dividir o mesmo espaço com o Senhor. Satanás perambula e anda pela terra, conforme relata o livro de Jó. Se Satanás tivesse sido restringido de acessar o céu, como poderia ter se apresentado a Deus junto com os anjos? Muitas vezes, o texto de Isaías 14.12, que retrata a queda de uma estrela do céu, e o de Ezequiel 28 são usados em um contexto associado à queda de Satanás.

Apesar de esses textos mencionarem o rei da Babilônia e o rei de Tiro, respectivamente, utilizando simbologias para tratar da queda daqueles reis, eles podem ser também considerados profecias de um evento *futuro*, que aponta para a expulsão de Satanás do céu. Apesar de já ser um ser moralmente caído desde os primórdios, Satanás definitivamente não foi expulso do céu antes da vinda de Cristo. A vinda do Messias prometido de Deus é o evento definitivo que resultou na expulsão *permanente* de Satanás do céu.

A grande vitória escatológica de Jesus aconteceu em Sua primeira vinda, e a Sua segunda vinda será o momento de consumar a vitória já conquistada. Essa vitória já produziu, produz e continuará produzindo efeitos sobre a vida do povo de Deus. Quando falamos em escatologia ou "tempos escatológicos", não estamos nos referindo apenas a algo futuro, senão a algo que já foi inaugurado — existe um impulso renovador em progresso, acontecendo aqui e agora.

Quando Jesus diz em Marcos 1.15 que *o tempo está cumprido, e o reino de Deus está próximo,* Ele enfatiza uma questão presente e futura. Embora todos soubessem que Deus já reina, havia outro sentido no qual o reino de Deus precisava ser estabelecido. Ainda que toda a criação esteja dentro do reino de Deus e esse reino tenha extensões cósmicas, estamos tratando aqui das manifestações desse reino na terra, no que diz respeito à reconquista de um terreno que pertence a Deus (Cl 1.13).

De forma mais prática, podemos dizer que, em Jesus Cristo, o reino de Deus invadiu a história com o objetivo de reaver um território que Satanás adquiriu por meio do pecado e da morte. Nesse sentido, a presença de Jesus é o reino de Deus, e esse reino teve início no princípio do primeiro século e será consumado na volta de Jesus, pela qual ansiamos e que será amplamente visível (Lc 17.24).

A morte e a ressurreição de Cristo significaram muito, e a abrangência de seus resultados é surpreendente. Jesus não veio apenas para nos tirar da escuridão das trevas, mas para nos dar vida, e vida em abundância. Ele veio para que não andássemos ansiosos, para que não temêssemos, para que não nos abatêssemos e para que não vivêssemos uma vida carnal. Ele veio para que, ainda nesta vida, experimentássemos a paz que excede todo o entendimento. Ele veio para que não tivéssemos mais sede espiritual. A graça de Jesus é eficaz em Seus propósitos.

Jesus é chamado na Bíblia de segundo Adão (o Adão perfeito), pois Deus encarnou como homem, cresceu como homem, viveu como homem, foi tentado como homem, sofreu como homem e morreu como homem. No entanto, diferentemente do primeiro Adão no Éden, Jesus não falhou em absolutamente nenhuma área de Sua vida. Ainda que tenha sido exposto à tentação, em nada falhou. Nenhum outro homem teria sido capaz de realizar os feitos de Jesus, e foi exatamente por isso que Sua encarnação se fez necessária, pois Ele era o único que poderia fazer tudo o que fez.

Cristo se apresentou como o próprio reino de Deus para fazer todas as coisas novas, e é justamente por isso que Paulo diz em 2Coríntios que, se alguém está em Cristo, nova criatura é, porque Ele faz tudo novo — uma novidade de vida já começou com a primeira vinda de Cristo à terra. Em Adão conhecemos a morte, mas em Cristo ganhamos acesso à vida eterna. Como Deus tirou o Seu povo dos cativeiros egípcio, babilônico, persa e de muitos outros, assim Jesus nos tira do império das trevas com Sua morte expiatória.

No livro de Levítico, no Antigo Testamento, lemos que Arão, o sumo sacerdote, era o responsável por lidar com as questões do pecado do povo de Israel; para isso, ele orava sobre a cabeça de um bode emissário, o qual era enviado para uma terra distante, o que simbolizava o pecado do povo sendo levado para longe da presença de Deus. Daí a expressão "bode expiatório", isto é, o animal que expia os pecados. Esse ato era repetido de forma frequente, pois a remoção do pecado feita por meio desse animal não era permanente. Jesus foi o "bode expiatório" de Deus.

> *E Arão lançará sorte sobre os dois bodes: Uma sorte pelo SENHOR e a outra pelo BODE EMISSÁRIO, então Arão fará chegar o bode sobre o qual cair a sorte pelo SENHOR e o oferecerá para expiação do pecado. Mas o bode sobre o qual cair a sorte para ser emissário apresentar-se-á vivo perante o SENHOR, para fazer expiação com ele, para enviá-lo ao deserto como BODE EMISSÁRIO* (Lv 16.8-10, destaque nossos).

Como vimos, todo o Antigo Testamento já apontava para Jesus, que está prefigurado em inúmeras simbologias e personagens. E aprouve ao Senhor reconciliar o mundo, imerso em pecados, com Ele mesmo, mediante o sacrifício perfeito oferecido por um Sumo Sacerdote permanente — Cristo Jesus. No entanto, é importante termos sempre em mente que alguém não ficou nada satisfeito com a obra vicária de Cristo, e esse alguém é Satanás.

A encarnação de Jesus foi uma declaração de guerra ao inferno, e essa batalha se deu por direito e legitimidade. O fato de os anjos estarem envolvidos no anúncio da gravidez de Maria e do nascimento de Jesus mostra quão presente o mundo espiritual estava nesse acontecimento. Jesus foi perseguido do nascimento até a morte, e isso prova quão ameaçadora Sua presença era para os inimigos, e, em um sentido, eles tinham consciência disso.

Quando falamos que a vinda de Jesus envolve uma guerra por direito e legitimidade, isso significa que Satanás ocupava um posto de acusador, e Jesus veio para expulsá-lo de seu trono. Deixe-me explicar melhor: como já vimos, quando Adão e Eva pecaram, Satanás recebeu legitimidade para exigir a morte como consequência do pecado; afinal, o primeiro casal transgrediu o pacto de obras. Dali em diante, Satanás passou a ocupar um posto de acusador, e o salário do pecado passou a ser a morte. Conforme aprendemos na história de Jó, Satanás tinha livre acesso a Deus e fazia acusações dos pecados dos seres humanos, o que não quer dizer que o diabo era e é um ser livre. Deus é soberano sobre todas as coisas, até mesmo sobre as trevas, mas, apesar disso, Satanás ainda tinha o direito de reivindicar, como acusador, o salário do pecado.

Em termos legais, é como se o céu fosse um tribunal, Deus o nosso juiz, Satanás nosso acusador e Jesus nosso advogado. Muitas das palavras usadas pelas Escrituras com relação à batalha de Jesus contra as trevas são termos jurídicos, o que nos prova que o viés pelo qual essa luta se desenvolve não diz respeito ao "mais forte", porém ao que tem mais direito. A vinda de Jesus e a Sua obra na terra resultam na expulsão de Satanás da sua cadeira de acusador.

Tudo o que Jesus viveu e sofreu na carne, como homem, sem pecados e nenhuma falha, fez que Ele obtivesse direito e legitimidade para assumir sozinho, de forma definitiva e completa, o preço do pecado da humanidade, encravando e cancelando na cruz a cédula de dívida que estava endereçada a cada um de nós. No momento em que Jesus ressurge dos mortos e levanta da sepultura, Ele despoja todo o inferno ao assassinar a morte. A morte de Jesus matou a morte. Dali em diante, Satanás não tem mais função como acusador, uma vez que já não há mais dívida — aquele que crê no evangelho, e recebe Jesus como seu único Senhor e Salvador, é justificado por Sua morte expiatória.

O salário do pecado já foi pago pelo Filho de Deus, e não há mais legitimidade de imputar essa penalidade àqueles que foram justificados pela obra vicária de Cristo. Satanás tem, então, o direito de acusar os filhos de Deus totalmente cassado. O diabo pensou que estava fazendo um excelente negócio ao usar Judas para entregar Jesus aos romanos a fim de que fosse morto na cruz. Na realidade, Satanás estava servindo de peça importante no cumprimento das profecias do Antigo Testamento e no plano salvífico de Deus, pois aprouve ao Senhor moer o Seu Filho para que fôssemos resgatados da escuridão das trevas e trazidos de volta para Sua maravilhosa luz.

O que para o diabo parecia ser a vitória do mal sobre o bem foi o triunfo definitivo do reino de Deus sobre o inferno. Sabemos, no entanto, que os filhos de Deus ainda morrem na carne, mas o espírito recebe a vida eterna — quão gloriosa verdade! A vergonha de Cristo despojado na cruz acabou no domingo, mas o opróbrio de Satanás e seus demônios será eterno. Em Colossenses 2.13-15, lemos que não apenas o diabo foi julgado e despojado na cruz do Calvário, mas também todas as suas hostes. A obra de Jesus foi completa. Aleluia!

Você provavelmente já ouviu algumas vezes a afirmação "Jesus te ama". Mas provavelmente não parou para pensar na imensidão, profundidade e extensão desse amor. Não se trata de um amor no sentido humano, de alguém que se apaixona, mas que eventualmente briga e se cansa. Não é um amor de boca para fora ou um amor que passa, dependendo das circunstâncias. Não é um amor impaciente e com segundas intenções. É a forma mais pura de amor que iremos conhecer em todo o universo. É um amor que levou Deus, o Todo-poderoso, a se esvaziar de Sua glória, encarnar como homem, sofrer como homem, para que fôssemos reconciliados com Ele e não sofrêssemos a morte eterna.

E, achado na forma de homem, humilhou-se a si mesmo, sendo obediente até à morte, e morte de cruz (Fp 2.8). Esse é o mesmo Jesus que, sendo mais valente, entra na casa do valente e lhe saqueia os bens — por amor a nós! A morte de Jesus na cruz do Calvário foi o ponto mais alto de Sua extraordinária obra de amor. Como vimos neste capítulo, a morte de Cristo resultou não apenas no perdão de pecados, mas na reconciliação dos seres humanos com Deus, possibilitando um novo caminho de volta ao Pai, garantindo a vida eterna.

Com a morte de Jesus, aqueles que creem são adotados na família de Deus e se tornam coerdeiros com Cristo. Jesus conquistou na cruz uma libertação jurídica de um ato de remoção da culpa e da escravidão do pecado, em razão do que a morte era exigida. Como resultado, a morte já não aprisiona mais no temor aqueles que foram comprados pelo sangue de Cristo.

Em suma, a obra de Cristo e Sua total ausência de pecado, mesmo durante a tentação (cf. 1Pe 2.22), conferiram a Ele o direito legítimo de "amarrar o valente" e "saquear a casa do valente". Jesus não saqueou apenas por Seu poder divino, mas também por direito divino. A luta de Jesus com Satanás e seus demônios era por legitimidade, e era necessário que Ele lutasse sozinho e sem o uso de armas letais. Jesus foi mudo para a cruz, assim como uma ovelha é levada ao matadouro. A decisão dessa luta não seria decidida por pontos ou força, mas tão somente se as exigências legais fossem cumpridas, o que inclui as profecias do Antigo Testamento sobre a vinda de Jesus.

Jesus foi capturado porque as trevas, por meio do pecado, haviam alcançado autoridade e Satanás foi usado como instrumento principal na morte de Cristo (por meio de todos os envolvidos na captura, acusação e morte de Jesus). Mas foi a autoridade soberana de Deus que decidiu que Jesus deveria ser submetido à autoridade das trevas (por isso ele foi colocado sob a autoridade de Pilatos) para triunfar sobre elas. O momento decisivo da vitória de Deus sobre Satanás foi quando Jesus declarou: *Tetelestai* [Está consumado]. A morte de Cristo matou a "serpente" (figura de linguagem usada em referência ao diabo no Antigo Testamento), e agora Ele já não tem mais rivais. No evangelho de Mateus, lemos:

> *Mas Jesus, aproximando-se, lhes disse:*
> *Toda a autoridade me foi dada no céu e na terra.*
> *Ide, pois, e ensinai a todas as nações; batizai-as em*
> *nome do Pai, do Filho e do Espírito Santo. Ensinai-as*
> *a observar tudo o que vos prescrevi (Mt 28.18-20).*

Jesus, já ressurreto, se dirige aos discípulos para declarar que, com Sua morte e ressurreição, toda a autoridade tinha sido conferida de volta a Ele e, daquele momento em diante, eles deveriam percorrer as nações anunciando o evangelho, pois o diabo, que outrora havia prendido a humanidade na cegueira e na ignorância, já havia sido derrotado.

Tornou-se direito legítimo, então, que as boas-novas do céu se fizessem conhecidas em todo o mundo mediante a conquista de Jesus no Calvário. O valente havia sido amarrado, e seus despojos tinham sido saqueados por Jesus. Apocalipse 12 relata o que pensávamos ter acontecido em Gênesis, mas que na realidade aconteceu com a vinda de Jesus:

> *Então apareceu no céu outro sinal: um enorme dragão vermelho com sete cabeças e dez chifres, tendo sobre as cabeças sete coroas. Sua cauda arrastou consigo um terço das estrelas do céu, lançando-as na terra. O dragão colocou-se diante da mulher que estava para dar à luz, para devorar o seu filho no momento em que nascesse (Ap 12.3,4).*

A visão que o apóstolo João teve e que está relatada em Apocalipse 12 foi justamente sobre os efeitos da ascensão de Jesus aos céus. Satanás, descrito pelo apóstolo como "o dragão", não pôde impedir o nascimento de Jesus e Sua obra redentora e sofreu derrotas sucessivas, como percebemos no livro de Apocalipse. O Cordeiro de Deus triunfou sobre a morte com Sua morte e ressurreição, conquistou o direito de salvar, tomou em Sua mão o livro da vida (onde estão escritos os nomes de todos os filhos de Deus que receberão a vida eterna) e saiu vitorioso para vencer com a pregação do evangelho (Ap 6.1,2), pois toda a autoridade Lhe havia sido dada no céu e na terra (cf. Mt 28.18).

Diante de tudo isso, compreendemos a urgência e a seriedade da pregação do evangelho, que é o poder de Deus para salvação de todo aquele que crê. A fé vem mediante o ouvir a mensagem de Deus, e portanto a pregação da Palavra se faz necessária para que o ser humano, cujo estado natural é a cegueira espiritual, desperte para uma realidade, até então, desconhecida por ele. Os efeitos que a pregação do evangelho produz são imensuráveis. É por isso que, embora Satanás e seus demônios estejam submetidos à soberania e autoridade de Deus, ele não desiste de investir contra a nossa vida e manter em "cativeiro" aqueles que rejeitam a verdade de Deus.

Ressalto que o diabo foi completamente destruído com relação ao seu *posto* (de acusador), e não à sua existência. Ele continua existindo e prendendo muitos seres humanos em suas armadilhas sutis e traiçoeiras — ele continua sendo sagaz e astuto como a serpente no Éden. E, diante desses fatos, não podemos nos deixar enganar: Satanás não está imobilizado, mas continua agindo, ainda que com limitações, de forma cada vez mais sagaz e certeira. Ainda que tenha perdido o direito de acusar o povo de Deus e de enganar as nações como fazia outrora, ele continua a iludir, falsear e ludibriar a muitos, e podemos perceber isso muito claramente ao observar o mundo em que vivemos.

CAPÍTULO 5

A MORTE QUE ELE MORREU
VALE A VIDA QUE VOCÊ VIVE?

Como água me derramei, e todos os meus ossos estão desconjuntados. Meu coração se tornou como cera; derreteu-se no meu íntimo. Meu vigor secou-se como um caco de barro, e a minha língua gruda no céu da boca; deixaste-me no pó, à beira da morte. Cães me rodearam! Um bando de homens maus me cercou! Perfuraram minhas mãos e meus pés. Posso contar todos os meus ossos, mas eles me encaram com desprezo. Dividiram as minhas roupas entre si, e tiraram sortes pelas minhas vestes. (Sl 22.14-18)

Ainda que a Deus tenha agradado executar o plano da redenção na pessoa de Seu Filho (Is 53.10), a morte de Jesus foi muito dolorosa. Antes de ser capturado, Jesus celebrou a Páscoa judaica com os discípulos. As Escrituras relatam que, naquela ocasião, Jesus estava à mesa com os Doze e, enquanto ceavam, para surpresa dos que estavam presentes, Jesus afirma que um deles O trairia. Ele estava falando de Judas, o Iscariotes, cuja traição já havia sido predita pelo profeta Zacarias no Antigo Testamento, mais de quinhentos anos antes da vinda de Cristo. Ou seja, era necessário que isso também acontecesse, para que a profecia se cumprisse.

No entanto, apesar de tudo ter sido minuciosa e previamente "programado" por Deus, o sofrimento de Jesus como homem foi não só legítimo, como também factual. Ele era 100% homem e 100% Deus e, ainda que tivesse os atributos de Deus por compartilhar da mesma essência do Pai (Jo 10.30), era dotado de todos os sentimentos humanos que temos. Aquela noite deve ter sido penosa para Cristo. Ele sabia para onde estava caminhando e sabia exatamente o que estava prestes a viver. Sua divindade não aniquilou Sua humanidade, e Ele viveu na pele o que nem eu nem você podemos imaginar.

Não somente o fato de sofrer a morte de cruz angustiava a Jesus, mas seguramente o fato de ser traído por alguém que comeu do mesmo prato que Ele também O entristecia sobremaneira. Além disso, Jesus sabia que estava prestes a ser abandonado por Suas amadas ovelhas, conforme predito no Antigo Testamento: *Fere ao pastor, e espalhar-se-ão as ovelhas* (Zc 13.7). Isso deve ter sido para Jesus algo extremamente perturbador. Pedro, discípulo tão próximo de Jesus, O negaria ainda naquela noite. Quão terrível sentimento! Durante aquela ceia, Jesus ilustrou o que até hoje nos serve como memória e sinal externo da obra de Cristo, que é o partir do pão e o compartilhar do cálice, os quais representam o Seu corpo e o Seu sangue. Naquele jantar, Jesus usou uma simbologia para ensinar aos Seus seguidores o que, de fato, significaria a Sua morte.

Após entoarem um hino de louvor, Jesus e os discípulos partiram para o monte das Oliveiras e, de lá, Jesus seguiu para o jardim de Getsêmani, levando consigo Pedro, Tiago e João. A aflição de Jesus era tão grande que Ele chegou a afirmar aos três discípulos: *A minha alma está profundamente triste, numa tristeza mortal. Fiquem aqui e vigiem comigo* (Mt 26.38). Será que eu e você já passamos por alguma situação na vida em que fomos levados a sentir uma "tristeza mortal"?

Eu me lembro de ter passado algumas situações muito difíceis, como quando meu marido foi internado em estado bastante delicado em 2018. Mas creio que uma "tristeza mortal" seja algo ainda mais doloroso e mais intenso do que a preocupação, a angústia e a incerteza com relação ao que está por vir. Uma "tristeza mortal", que envolve a certeza da morte e, pior que isso, o conhecimento exato de como será essa morte, é algo que eu e você jamais experimentamos e jamais iremos experimentar.

Jesus estava tão aflito e tão angustiado que se prostrou com o rosto no chão do jardim e clamou para que Deus O livrasse daquela situação, mesmo que tivesse pleno conhecimento de que Sua missão na terra era exatamente aquela. Em Seu desespero e em meio à Sua dor, pediu ao Pai que afastasse dEle o cálice da morte de cruz. Na cruz, Ele, sendo santo, foi feito pecado; sendo bendito, foi feito maldição. Na cruz, Ele bebeu sozinho o cálice da ira de Deus. Ele foi traspassado pelas nossas iniquidades. Agradou ao Pai moê-lo.

Tente, por um instante, colocar-se no lugar de Jesus. Imagine-se no corredor da morte como resultado de um crime que você não cometeu e cuja penalidade não pode ser reduzida nem indultada. Estou segura de que aqueles minutos seriam os piores da sua vida. Assim foi para Jesus. Ele orou três vezes pedindo a mesma coisa a Deus Pai: *Passa de mim este cálice*. O suor de Jesus tornou-se como sangue que escorria e pingava na terra.

Muitos pensam que esse relato é metafórico, mas na realidade é fisiológico e factual. Essa condição, apesar de extremamente rara, é cientificamente possível e recebe o nome de hematidrose, a qual ocorre diante de uma situação de extremo estresse físico e psicológico. Instantes após Jesus terminar Sua oração, Ele avisou aos três discípulos que o momento da captura estava próximo e que Ele estava prestes a ser entregue nas mãos dos romanos. Antes mesmo que Jesus pudesse concluir a fala, Judas apareceu no jardim de Getsêmani com uma multidão de soldados armados, os quais tinham sido enviados pelos líderes religiosos da época com a ajuda do plano traidor de Judas, o Iscariotes.

Naquele momento, Jesus foi capturado, e Pedro, na intenção de "proteger" Jesus, desembainhou a espada e arrancou a orelha do soldado Malco. Jesus o exortou, dizendo: *Você acha que eu não posso pedir a meu Pai, e ele não colocaria imediatamente à minha disposição mais de doze legiões de anjos? Como então se cumpririam as Escrituras que dizem que as coisas deveriam acontecer desta forma?* (Mt 26.53,54). Tal fato nos prova, mais uma vez, que Jesus não foi capturado pelo poder e pela astúcia dos religiosos, nem mesmo dos soldados, mas porque Ele mesmo se entregou à morte, como ovelha que vai muda para o matadouro.

Jesus foi acusado pelos chefes dos sacerdotes e pelos líderes religiosos sem dizer uma única palavra em Sua própria defesa. O crime pelo qual estava sendo acusado era sem

Jesus não foi capturado pelo poder e pela astúcia dos religiosos, nem mesmo dos soldados, mas porque **Ele mesmo se entregou** à morte, como ovelha que vai **muda** para o matadouro.

fundamento. O próprio governador Pilatos demonstrou grande comoção pelo silêncio do suposto réu que estava diante dele. Decerto, esperava que Jesus fosse espernear pedindo por absolvição e socorro; no entanto, ao contrário do que a maioria de nós faria nessa mesma situação, Jesus estava ali, prestes e disposto a morrer voluntariamente.

Ainda sobre minha maravilhosa experiência em Jerusalém em 2019, tive a oportunidade de caminhar pela Via Dolorosa, possível trajeto feito por Jesus após ser condenado. Muito provavelmente, foi por meio dessa via que Jesus caminhou até o Calvário, também chamado de Gólgota (que significa "caveira" em hebraico), local onde foi crucificado. Nos dias atuais, não é possível estabelecer com exatidão o trajeto pelo qual Jesus caminhou com a cruz do Pretório (lugar onde foi julgado) até chegar ao Calvário.

As ruas da época de Jesus eram bem diferentes das que vemos hoje, principalmente porque a cidade de Jerusalém dos dias atuais está em um nível mais elevado que a antiga cidade e, sem que houvesse uma escavação arqueológica, seria impossível determinar o percurso da metade do século 1 d.C. com precisão. Mas, ainda assim, é possível ter uma noção da distância entre um ponto e outro, que daria em média um quilômetro. Antes de iniciar essa caminhada, Jesus foi açoitado, cuspido, zombado, apanhou com vara na cabeça, teve as vestes removidas e, em troca delas, recebeu um pano vermelho e uma coroa de espinhos. A imagem que inevitavelmente me vem à cabeça é de uma caminhada sangrenta. Jesus, muito provavelmente, deixou um rastro de sangue pelas ruas por onde passou até chegar ao local de Sua crucificação.

Quantos de nós já paramos para reconstituir essa cena em nossa mente? Deveríamos criar o hábito de fazer isso a fim de sermos confrontados e impactados pelo sacrifício do Filho de Deus. Quando Jesus chegou ao Gólgota, foi pendurado no madeiro, que era a punição mais humilhante da época. Não obstante todo o Seu opróbrio naquela cruz, foi insultado e zombado pelos religiosos e por muitos que passavam por ali: *Salvou os outros, mas não é capaz de salvar a si mesmo!* (Mt 27.42). Por volta das 15 horas daquela sexta-feira, Jesus bradou e entregou Seu espírito ao Pai. Estava consumado. O plano de Deus havia sido concluído, mas a vergonha de Jesus na cruz só duraria até domingo, o dia da ressurreição. No entanto, a vergonha de Satanás e seus demônios durará toda a eternidade. A morte de Jesus foi dolorosa, sangrenta e humilhante, mas eficaz em todos os seus propósitos.

A ênfase deste capítulo, no entanto, não está apenas na morte que Jesus morreu, mas na vida que eu e você vivemos diante da morte que Ele enfrentou — será que a nossa vida é agradável a Deus? Por certo, nada do que eu e você fizermos de extraordinário será suficiente, comparado com tudo aquilo de maravilhoso que o nosso Deus merece. Todavia, sem dúvida, Ele nos ordena a viver uma vida pura e irrepreensível (Fp 2.15) e a glorificá-lo em todos os nossos atos: *Assim, quer vocês comam, bebam ou façam qualquer outra coisa, façam tudo para a glória de Deus* (1Co 10.31).

Sempre que faço uma breve análise da minha vida, vejo-me constrangida pelos meus atos. Porque, ainda que busquemos santidade e comunhão com Deus, apesar dos nossos "melhores" atos e intenções, somos miseráveis pecadores. Abraão disse:

Sou pó e cinza. Jó disse: *Ai de mim*. Paulo disse: *Sou o pior dos pecadores*. E todos eles foram homens de Deus. Portanto, estamos falando aqui não de meritocracia, mas de cosmovisão. Quando entendemos a pureza e o verdadeiro sentido do evangelho e da morte vicária de Cristo, não há outro resultado senão o que vemos em Abraão, Jó, Paulo e muitos outros homens de Deus nas Escrituras: o reconhecimento da nossa pecaminosidade e vulnerabilidade diante do Deus Altíssimo.

Quando nos questionamos se a morte de Cristo valeu a vida que vivemos, não estamos nos referindo apenas aos Seus sofrimentos, mas também às proporções dos resultados produzidos por ela, como já vimos no capítulo anterior. O preço foi muito caro, a ponto de se tornar impagável. E isso se dá pelo fato de que nem eu nem você poderíamos fazer pela raça humana aquilo que somente Jesus Cristo fez, pelas razões que também já analisamos. O que nos resta é sermos gratos, irrepreensíveis e obedientes a Deus, o que, mesmo assim, não faria de nós merecedores de Sua graça.

Diante da grandeza de Deus e dos Seus feitos é que Paulo termina muitas de suas cartas com uma fórmula litúrgica dirigida a Deus, a qual recebe o nome de "doxologia". A doxologia é uma expressão poética e musical de louvor a Deus que envolve o emprego de palavras para expressar uma adoração verdadeira a Deus. Qual foi a última vez que eu e você oferecemos uma verdadeira adoração a Deus? Se eu e você avaliássemos a nossa vida hoje, ela seria um reflexo da glória de Cristo? Vivemos de forma piedosa ou a nosso bel-prazer?

Paulo escreve aos gálatas que a nossa carne está em constante militância contra o Espírito, de modo que há em nós duas inclinações: a carnal e a espiritual. Devemos andar segundo o Espírito, e não segundo a carne, pois os desejos da carne são imorais. E, quando o apóstolo diz isso, ele também está afirmando que, ainda que seja uma situação extremamente conflitante, não fomos deixados à mercê do acaso para nos virarmos sozinhos. O Espírito Santo de Deus foi enviado à terra para nos ajudar a dizer NÃO ao pecado, e existem três aspectos em nossa salvação: fomos salvos no passado (da condenação do pecado) pela justificação (por meio da morte vicária de Cristo); estamos sendo salvos no presente (do poder do pecado) pela santificação; e seremos salvos no futuro (da presença do pecado) na glorificação.

Ainda que sejamos pecadores natos e estejamos vivendo num mundo caído, recebemos mediante da ação do Espírito Santo a capacidade de dizer NÃO ao pecado. A carne é fraca, mas o Espírito é invencível! Não podemos atribuir às tentações do mundo às nossas falhas. O mundo está abarrotado de propostas tentadoras, mas o enchimento do Espírito nos proporciona uma capacidade sobrenatural de lutar contra todas elas, não com armas humanas, porque a batalha não é da carne nem do sangue, mas com armas espirituais fornecidas pelo próprio Deus.

Diante disso, não podemos nos vitimizar afirmando que somos fracos, justificando a nossa permanência no pecado perante Deus. Ele sempre soube que éramos fracos e incapazes, e foi exatamente por isso que Ele nos providenciou um substituto na cruz, assim como fez para Abraão no monte Moriá, ao poupar Isaque, seu filho. Produzir desculpas para justificar a nossa vida pecaminosa seria, no mínimo, esvaziar a cruz de Cristo, porque Ele não só morreu por nós, como nos deixou o Consolador, que nos ilumina, constrange, convence do arrependimento e nos faz viver uma vida irrepreensível diante do Senhor.

CAPÍTULO 6

SOMOS COMO A NEBLINA

> *Ouçam agora, vocês que dizem: "Hoje ou amanhã*
> *iremos para esta ou aquela cidade, passaremos um*
> *ano ali, faremos negócios e ganharemos dinheiro".*
> *Vocês nem sabem o que lhes acontecerá amanhã!*
> *Que é a sua vida? Vocês são como a neblina que*
> *aparece por um pouco de tempo e depois se dissipa.*
> *Ao invés disso, deveriam dizer: "Se o Senhor quiser,*
> *viveremos e faremos isto ou aquilo".* (Tg 4.13-15)

Esses versículos são inquestionavelmente provocativos, pois nos colocam em nosso devido lugar: como vulneráveis que somos. Fazemos muitos planos (a grande maioria deles com base em nossa própria vontade), mas quem tem a última palavra é sempre o Senhor. Será que eu e você podemos responder à pergunta de Tiago: *Que é a sua vida?* Se fôssemos de fato responder, o que diríamos? Muito provavelmente, seria: "Minha vida é incrível e valiosa". Mas Tiago nos dá outra resposta.

Nossa vida é passageira, frágil e vulnerável, assim como a neblina que desaparece no horizonte. Você já deve ter tido a oportunidade de dirigir (ou ao menos ser passageiro em) um carro que sobe a estrada em regiões serranas na época de frio. A altitude nas regiões serranas age diretamente na redução das temperaturas e na interceptação das massas de ar úmido provenientes de outras regiões. Dependendo da região, a neblina pode ser densa durante os períodos mais frios, mas pode não durar muito tempo. A neblina costuma se formar durante a madrugada e persistir até a manhã, fruto da condensação da água presente na atmosfera em forma de umidade. Esse nevoeiro se forma quando a temperatura do ar é baixa o bastante para tornar líquido o vapor d'água.

A grande questão dentro do nosso contexto é: Se tentássemos "pegar" essa neblina, será que conseguiríamos? Será que temos algum controle do momento em que ela surge ou desaparece? Será que podemos identificar de forma objetiva de onde ela vem e para onde ela vai quando some? Obviamente, a resposta é não.

A nossa vida, segundo o livro de Tiago, é exatamente como a neblina nas regiões serranas, que surge por um momento e depois desaparece. A Palavra de Deus mostra, diversas vezes, o valor de nossa vida, e o ápice dessa demonstração é a morte de Cristo. Contudo, o que Tiago nos diz não tem relação com o nosso valor para Deus, mas com a nossa fragilidade e a rapidez com que nossa vida passa. Somos estrangeiros e peregrinos na terra (1Pe 2.11). Somos chamados de estrangeiros porque nossa pátria não é aqui — somos cidadãos do céu. E somos chamados de peregrinos porque estamos aqui apenas de passagem — caminhamos durante um tempo determinado e por uma jornada delimitada em extensão e duração.

A vida como a conhecemos representa uma pequena gota de água em todos os oceanos da terra se comparada com a eternidade. Quando olhamos adiante a fim de projetar a "reta final" da nossa existência, dentro de um quadro bastante otimista, podemos esperar viver cerca de setenta anos, conforme nos diz a Palavra: *Os anos de nossa vida chegam a setenta, ou a oitenta para os que têm mais vigor; entretanto, são anos difíceis e cheios de sofrimento, pois a vida passa depressa, e nós voamos!* (Sl 90.10). Existem, no entanto, muitos casos de falecimento prematuro. Bebês, crianças, adolescentes e jovens adultos também são recolhidos pelo Senhor. Esse fato, por si só, já deveria nos mostrar a nossa fragilidade — a vida longa não é uma garantia para todos.

Moisés clamou ao Senhor: *Ensina-nos a contar os nossos dias para que o nosso coração alcance sabedoria* (Sl 90.12). A qual sabedoria o salmista está se referindo? Trata-se da mesma sabedoria a que Paulo se refere em Colossenses 1.9: a sabedoria espiritual. Somos chamados a crescer no conhecimento de Deus, na profundidade de Sua Palavra e no entendimento de Sua vontade revelada a nós. É somente por meio do relacionamento com Deus mediante a oração e a Sua Palavra que podemos alcançar a verdadeira sabedoria.

Não devemos viver contando nossos dias com base nas folhas do calendário ou nos resultados dos nossos exames de *checkup*, mas pela sabedoria concedida por Deus. Aprender a sabedoria de Deus significa examinar todas as coisas do ponto de vista da eternidade. Alguém disse uma frase que jamais esqueci: "A forma como vivemos a nossa vida define toda a nossa eternidade".

Não devemos viver contando nossos **dias** com base nas folhas do calendário ou nos resultados dos nossos exames de *checkup*, mas pela **sabedoria** concedida por Deus. Aprender a sabedoria de Deus significa **examinar** todas as coisas do ponto de vista da **eternidade**.

O homem natural não sabe contar os seus dias. Ele crê que, quanto mais "intensa" for a sua vida no sentido de aproveitar todas as festas e curtições, melhor terá vivido. Estou certa de que você já escutou alguém dizer: "Agora que já fiz tudo o que tinha vontade, posso morrer em paz". Mas na realidade a afirmação deveria ser: "Agora que creio já ter feito toda a vontade de Deus, que Ele me recolha no momento certo, para que eu vá a Seu encontro". Há um ponto comum para todos nós: a morte. E somente o Deus Altíssimo sabe quantos dias nos restam.

Portanto, como devemos contar os nossos dias? Dias não contados são dias não aproveitados. E, segundo Martinho Lutero, contar os nossos dias de forma correta está diretamente relacionado com a nossa vida cristã prática, por isso ele disse: "Considere perdido o dia em que você não meditar nas Sagradas Escrituras". A Bíblia é infalível em todos os propósitos para os quais ela foi escrita, o que inclui nos ensinar a contar os nossos dias de acordo com a matemática do reino de Deus.

Se Deus revela Sua vontade a Seu povo, isso significa que já não estamos mais à mercê do acaso, presos na cegueira espiritual. A Bíblia é lâmpada para nossos pés e luz para nosso caminho, e de Gênesis a Apocalipse ela é a boca de Deus falando conosco em alto e bom som. De acordo com o conceito humano, a sabedoria é medida pela inteligência e cultura de cada indivíduo. Mas para Deus a sabedoria significa enxergar a existência além daquilo que a nossa retina pode captar. É fazer nossas escolhas de acordo com os padrões bíblicos. É ganhar verdadeira compreensão daquilo a respeito do qual Jim Elliot disse certa vez: "Não é tolo quem deixa o que não se pode reter para alcançar o que não se pode perder".

Nascemos no pecado e somos direcionados por ele, até sermos regenerados pelo Espírito de Deus e termos os nossos olhos espirituais abertos, assim como aconteceu com o apóstolo Paulo quando Ananias o visitou: *O Senhor retirou as escamas de seus olhos* (At 9.17,18). Pecadores estão sempre em busca de aprovação, riqueza material, diversão a qualquer custo, sucesso e prazer. Esses mesmos indivíduos são dotados de uma visão de baixo alcance e não conseguem enxergar nada além da morte física. Como tratamos anteriormente neste capítulo, Deus nos adverte de enxergar e avaliar todas as coisas à luz da eternidade. Se vivermos com base na eternidade, teremos uma vida cujos dias serão dignos de serem contados e alcançaremos a sabedoria tão suplicada por Moisés.

A ordem suprema do faraó no Egito, durante determinado período da escravidão do povo de Deus, era ceifar a vida de todos os bebês que nascessem das mulheres hebreias (Êx 1.16). Foi nesse contexto que Moisés nasceu. No entanto, ele não foi morto, visto que, logo após nascer, foi escondido por três meses (Êx 2.2). A providência de Deus o conduziu até o palácio do faraó, onde ele, poupado da morte, foi educado e viveu por muitos anos. Já na fase adulta, Moisés cometeu um homicídio ao testemunhar uma cena na qual um homem hebreu foi injustamente maltratado e oprimido por um egípcio, e aos 40 anos fugiu da ira e retaliação do faraó rumo a Midiã (Êx 2.15). Em Midiã, Moisés, que era um nobre no palácio do faraó, se casou com Zípora, teve filhos e seguiu sua vida por mais quarenta anos como um humilde pastor de ovelhas, até o dia em que teve um encontro com Deus na sarça ardente e iniciou seu ministério (Êx 3.2).

Em vista disso, concluímos que Moisés deu início ao seu chamado aos 80 anos. Quando analisamos a vida desse homem escolhido por Deus para liderar a nação de Israel, percebemos que durante quarenta anos ele pensou ser alguém, vivendo na corte palaciana e sendo instruído no que havia de melhor em termos de sabedoria humana, até que uma atitude insensata o tornou fugitivo do faraó e fez dele pastor de rebanhos. Esse foi o tempo em que Moisés se matriculou na escola de Deus. Deus preparou o Seu servo da forma que Ele quis e da maneira como Lhe aprouve treiná-lo. Deus conhecia exatamente os planos que tinha para Seu servo Moisés.

O servo humilde tornou-se libertador do povo de Deus da escravidão, condutor desse mesmo povo à terra prometida e autor dos cinco primeiros livros da Bíblia. E é esse mesmo homem, extraordinariamente treinado pelo próprio Senhor dos Exércitos, líder e libertador do povo, que pede ajuda a Deus no Salmo 90 a fim de que aprenda a contar os seus dias e alcançar sabedoria. Moisés nos dá uma preciosa dica a respeito do verdadeiro êxito: pedir ajuda a Deus e viver de acordo com Seus preceitos é a própria sabedoria. E Salomão, o homem mais sábio de toda a história, nos confirma esse ensinamento em Provérbios 9.10.

Passamos toda a nossa vida pensando em ser "alguém" com base nas nossas posses, nos nossos feitos e na nossa inteligência. No entanto, quando olhamos para a história de Moisés, percebemos que na realidade não somos absolutamente nada daquilo que pensamos ser. Somos aquilo que Deus pensa de nós. Somos resultado daquilo em que Ele nos transforma. Por isso, a carta de Tiago nos confronta sobremaneira ao lembrar-nos que somos como a neblina que dissipa.

A única oportunidade de vivermos uma vida irrepreensível e digna aos olhos de Deus é aqui e agora. Não devemos desperdiçar os nossos dias com coisas vãs ou alicerçar a nossa confiança nas coisas deste mundo. O mundo pode até nos dar algum conforto, mas tudo que vem dele é temporário e ineficaz quando o assunto é salvação. E, de fato, ninguém sairá vivo daqui. Mas a Bíblia nos garante que, ainda que a carne volte ao pó da terra, os salvos ressuscitarão no último dia, pois Jesus venceu a morte e nEle viveremos eternamente (1Co 15.22,23). E, se temos essa convicção, conforme nos garante o próprio Deus, devemos também viver a nossa vida com base nessa certeza, submetendo-a ao senhorio de Cristo, não desperdiçando os nossos dias, conscientes de que, como a neblina vem e vai nas regiões montanhosas, assim a nossa vida surge e desaparece neste mundo. O que fazemos no intervalo entre o dia em que nascemos e o dia em que deixamos o nosso corpo físico é decisivo no aspecto da eternidade.

CAPÍTULO 7

JESUS COMO SENHOR, E NÃO SOMENTE SALVADOR

Por isso Deus o exaltou à mais alta posição
e lhe deu o nome que está acima de todo nome,
para que ao nome de Jesus se dobre todo joelho,
no céu, na terra e debaixo da terra, e toda língua
confesse que Jesus Cristo é o Senhor, para a glória
de Deus Pai. (Fp 2.9-11)

No final do capítulo anterior, falei sucintamente sobre submetermos a nossa vida ao senhorio de Cristo a fim de que alcancemos a verdadeira sabedoria. No entanto, este tema é digno de uma análise mais detalhada tendo em vista que a urgência do evangelho também engloba a urgência de vivermos submissos a Jesus.

O texto de Filipenses 2 elucida a essência do evangelho: Jesus recebeu o nome que está acima de todo nome, sendo exaltado de tal maneira que se tornou Senhor sobre todas as coisas, para a glória de Deus Pai. Jesus, que se esvaziou e se fez servo, devolve a glória ao Pai para que Ele seja tudo em todos. Paulo também deixa muito claro em Romanos 14.9 que o senhorio era o âmago da obra redentora de Cristo no Calvário. Mas, infelizmente, muitos de nós buscamos em Jesus apenas a salvação, e não Seu senhorio.

Queremos o favor de Deus, mas insistimos em viver desobrigados de qualquer obediência a Ele. Essa parece ser a realidade da grande maioria dos seres humanos e faz parte do pensamento que originou a ideia do universalismo do amor de Deus. "Deus é amor e, portanto, todos serão salvos". Essa é uma ideia antibíblica, com exceção da parte que afirma que Deus é amor. Deus é amor, mas também é justiça e retidão. Esses atributos estão intimamente relacionados com a santidade de Deus. Deus odeia o pecado, e é exatamente porque Ele é justo que precisa condenar o pecado, pois ao culpado Ele não tem por inocente (Êx 34.7).

É verdade que a morte substitutiva de Cristo foi suficiente para satisfazer a justiça de Deus com relação às nossas transgressões pois, afinal, Ele foi feito pecado por nós, mas isso não significa que podemos fazer o que quisermos com a justificativa de que "Jesus já pagou pelos nossos crimes, de modo que podemos fazer o que bem entendermos". Isso é, no mínimo, subestimar a inteligência do Ser mais inteligente de todo o universo.

É fundamental compreendermos que a obra de Cristo na cruz foi eficaz em todos os seus propósitos, mas não foi, de maneira nenhuma, um "vale-vida eterna" para todos os seres humanos. Se isso fosse verdade, Jesus teria morrido até mesmo por aqueles que não herdarão a vida eterna e, portanto, parte do Seu sangue derramado teria sido em vão. Poderia Jesus morrer em vão? A resposta obviamente é não. O sangue de Jesus é capaz de cobrir todos os pecados daqueles por quem Ele morreu, mas Ele não derramou Seu precioso sangue por aqueles que jamais iriam se submeter a Ele nem confessá-Lo como único Senhor e Salvador.

É claro que não é da alçada de absolutamente nenhuma criatura designar quem será e quem não será salvo; isso apenas Deus o sabe. Mas o fato é que a nossa vida diz muito sobre quem somos nEle. Portanto, buscar em Jesus apenas um Salvador, rejeitando-O como Senhor, é cair no universalismo. Isso certamente enfraquece o sacrifício vicário de Cristo na cruz. Ele não morreu apenas para possibilitar a nossa salvação. Ele morreu como nosso representante, fiador e substituto para nos salvar.

É necessário que Jesus seja primeiro o nosso Senhor para que Ele seja então o nosso Salvador. *Quem com Ele não ajunta, espalha* (Lc 11.23). Ou estamos com Ele 100%, ou não estamos com Ele de modo algum. Não temos a opção de ser morno em relação a Deus, mas também a frieza espiritual é condição imprópria (cf. Ap 3.16). Quem confessa que Jesus é o Filho de Deus não pode fazê-lo em partes, isto é, crer que Jesus é o Filho de Deus e que tem poder para salvar, mas não viver de forma submissa a Ele. É por isso que devemos olhar para a nossa vida com frequência em busca de evidências de que Jesus é o nosso Senhor. Uma vida submissa ao senhorio de Cristo produz frutos de obediência, e os frutos não mentem. Ser de Cristo significa viver para Ele, e não mais para si mesmo.

Talvez você esteja pensando: "Isso é uma loucura! Como vou parar minha vida para viver para Cristo?" Bom, em momento algum Cristo nos obriga a "parar a nossa vida" para vivermos trancafiados em um quarto ou em uma igreja orando de joelhos 24 horas por dia após termos abandonado por Ele nossa casa e nosso ofício. Ao contrário, é mediante a Sua providência que temos emprego, seja em um banco, seja em um escritório, seja em uma oficina, seja em um salão de beleza. É mediante a Sua providência que formamos uma família e alcançamos êxito em nossos feitos. Ele quer e precisa ser honrado não apenas na igreja ou em ambientes eclesiásticos, mas em todos os aspectos da nossa vida. Quer no seio familiar quer no ambiente corporativo, Jesus é digno de ser exaltado em todas as circunstâncias de nossa vida.

A grande verdade é que, na maioria das vezes, somos mais úteis como cristãos fora da igreja do que dentro dela. Basta olharmos para o momento em que Pedro, ao ver Jesus transfigurado no monte, diz: *Senhor, é bom estarmos aqui. Se quiseres, farei três tendas: uma para ti, uma para Moisés e outra para Elias* (Mt 17.4), o que demonstra nitidamente a empolgação do apóstolo em viver aquele momento tão sobrenatural, a ponto de não querer mais sair dali. Mas eles desceram do monte logo no dia seguinte, e ali embaixo havia um menino possuído por um espírito maligno. Ou seja, a experiência em ambientes de adoração e glória é indiscutivelmente incrível, mas somos chamados a atuar nos vales, onde há pessoas oprimidas e sofrendo, apartadas de Deus. Apesar disso, é nesses momentos que podemos perceber que, sem que estejamos integralmente subordinados à vontade de Deus e vivendo em total obediência a Ele, não faremos muita coisa com as nossas habilidades, com os nossos talentos e até com a nossa salvação.

Se não formos capazes de ao menos servir como agentes na salvação de outras pessoas, como poderemos olhar para a nossa própria salvação e ter tanta certeza a respeito dela? É justamente por isso que não podemos relativizar nem universalizar o amor de Deus. Somos reconciliados com Deus mediante a obra de Cristo, que foi exaltado sobremaneira e recebeu o nome que está acima de todo nome. Ele é o Senhor de tudo e de todos. Ele é o Senhor da nossa vida pública e privada, física e espiritual. E, se eu não vivo para Jesus como Senhor, Ele não é o meu Salvador.

Quando Paulo diz que para ele o viver é Cristo e o morrer é lucro (Fp 1.21), está se referindo à maneira como ele vive, refletindo o caráter de Cristo e exaltando o Seu nome. No versículo anterior, em Filipenses 1.20, Paulo declara: *Agora Cristo será engrandecido em meu corpo, quer pela vida quer pela morte.* Ou seja, não importa o que aconteça comigo, contanto que Cristo seja engrandecido por meio da minha vida. O apóstolo escreve a carta aos Filipenses de uma cadeia e nessa carta ele enfatiza as qualidades dos seguidores de Jesus e como os cristãos devem imitar o exemplo do próprio Cristo. E, entre tantas maravilhas, o que Cristo mais fez em Sua caminhada na terra? Obedeceu a Deus. Sua morte foi fruto de Sua obediência a Deus e resultou em Sua exaltação à altíssima posição de Senhor de todos (Fp 2.5-11).

O mesmo Paulo diz aos coríntios que eles foram comprados por alto preço e que, portanto, deveriam glorificar a Deus com seu próprio corpo (1Co 6.19,20). A palavra "comprado" diz respeito a uma transação comercial. Quando compramos uma propriedade, aquele bem passa a nos pertencer. Fazemos todo o trâmite comercial de compra e registro em cartório, tomamos

Se não formos capazes de ao menos **servir como agentes** na salvação de outras pessoas, como poderemos olhar para a nossa própria **salvação** e ter tanta **certeza** a respeito dela?

posse do bem e guardamos a escritura, resultante da transação de compra.

Ainda que de forma metafórica, é exatamente esta a ideia de Paulo: fomos comprados por Jesus e passamos a ser propriedade dEle. Em 1Pedro 2.9, a Bíblia nos diz que somos "povo adquirido", que outrora estávamos nas trevas, mas que fomos trazidos (pela transação de "compra") para a maravilhosa luz de Deus. Não há razões para pensar que "não somos de ninguém" ou que "pertencemos a nós mesmos". Aquele que é gerado do Espírito é também selado pelo Espírito e entra para o aprisco, passando a fazer parte do rebanho de Cristo: *As minhas ovelhas ouvem a minha voz; eu as conheço, e elas me seguem* (Jo 10.27). E o que ovelhas fazem? Seguem a voz de seu pastor e, se seguem, é porque são, antes de qualquer coisa, obedientes a Ele.

A nossa vida deve refletir o cerne da questão do evangelho, que é o senhorio de Cristo. Não convém pensar que apenas o fato de termos confessado nossa fé em Jesus irá nos salvar, quando isso vem desacompanhado de evidências. É verdade que a Palavra de Deus diz que somos salvos pela graça mediante a fé (Ef 2.8), mas também é verdade que muitos chegarão diante de Cristo no último dia chamando-o de Senhor, Senhor e afirmando ter feito muitas obras em Seu nome, mas para essas mesmas pessoas Jesus dirá: *Nunca os conheci, apartai-vos de mim* (Mt 7.23). Precisamos ser extremamente zelosos e cautelosos com relação às coisas de Deus.

Atrevo-me a dizer que muitas vezes somos ludibriados pelas nossas emoções e pensamentos, a ponto de produzirmos em nós mesmos uma falsa esperança, o que é muito grave. Um dos sinais evidentes da regeneração de um verdadeiro cristão é a forma como ele vive. Não somente na igreja, não somente nas conferências cristãs e não somente quando as pessoas estão assistindo, mas *todo* o tempo e na totalidade de sua existência.

O Espírito Santo de Deus passa a habitar naqueles que foram gerados pelo Espírito, e onde está o Espírito de Deus não pode haver pecaminosidade deliberada, pois isso é obra da carne, e não do Espírito (Gl 5.19). Diante disso, chamo sua atenção para o fato de que o senhorio de Cristo não pode ser dissociado de Seu poder de nos salvar. Se Ele é Salvador, precisa ser também, necessariamente, Senhor.

CAPÍTULO 8

O EVANGELHO PARA HOJE

*É melhor ir a uma casa onde há luto
do que a uma casa em festa, pois a morte
é o destino de todos, os vivos devem levar
isso a sério! (Ec 7.2).*

Se existe algo que devemos levar a sério nesta vida é a morte. Como diz o ditado popular: "Para morrer, basta estar vivo!" Não há escapatória para ninguém, e o sábio Salomão, autor de Eclesiastes, já tinha essa convicção. Os tolos alicerçam seu coração em coisas passageiras, ao passo que os sábios reconhecem que a morte será o destino de todos e, diante desse fato, constroem sua vida com base naquilo que é eterno. Por isso, é melhor ir a uma casa onde há luto, pois lá há sabedoria a respeito da morte, enquanto na casa onde há festa existe uma falsa esperança de que a morte nunca chegará. A morte traz dignidade à vida daqueles que a esperam. Isso não significa que devemos viver enlutados; pelo contrário, significa que devemos viver sabiamente, com os olhos fitos na eternidade, de modo que a nossa vida reflita essa esperança.

Infelizmente, não é esse cenário que costumamos perceber no mundo. A grande maioria das pessoas vive como se não houvesse amanhã. Mas a grande questão é: E se realmente não houvesse amanhã? E se realmente não houver um novo dia, uma nova manhã para eu e você nos arrependermos dos nossos pecados, deixarmos os nossos maus caminhos e voltarmos os nossos olhos para Deus?

Há muitos anos, vivi uma experiência extremamente triste. Um conhecido meu havia saído de sua casa em direção à casa de um amigo de faculdade, onde os dois passariam a noite jogando cartas e se divertindo. Quando saiu de casa em seu carro, ele jamais poderia imaginar que no caminho seria surpreendido por um assaltante na rua onde haveria de entrar por engano. O assaltante estava deixando a cena do crime, a casa que tinha acabado de furtar, e seguia em direção ao carro que estava à sua espera para iniciar a fuga. Foi nesse exato momento que o meu conhecido foi surpreendido pelo carro do assaltante que, ao pensar que estava diante do dono da residência, não hesitou em atirar no para-brisa do carro, atingindo o motorista. O rapaz foi baleado no rosto e morreu instantaneamente. Um erro de rota custou-lhe a vida — um erro fatal. Foi um grande choque para todos, e estou convicta de que a grande maioria levantou a hipótese: "E se ele não tivesse entrado na rua errada?" Jamais teremos resposta para essa hipótese, mas decerto sempre lembraremos desse fato como um alerta sobre nossa fragilidade. O amanhã pode não chegar para qualquer um de nós.

Em 26 de janeiro de 2020, eu estava na cidade de Orlando, onde eu e minha família moramos. Era um domingo lindo, e estávamos estacionando o carro em frente ao restaurante onde íamos almoçar. Meu telefone apitou, e ainda pela tela travada do meu celular li a seguinte frase: "Bella, o Kobe Bryant e sua filha Gigi acabam de falecer". Fiquei em choque e não consegui descer do carro naquele momento. Pensei: "Meu Deus, o Kobe e sua filha, por quê? Ele tão novo, e ela ainda uma criança!" Várias questões vieram à minha mente naquele instante, e tenho certeza de que não fui a única a fazer tantos questionamentos. Sempre gostei muito de basquete e tive a oportunidade de conhecer Kobe Bryant pessoalmente em 2015, quando ele gentilmente autografou um pequeno par da sua linha de tênis, que eram da minha filha mais velha, na época recém-nascida. Foi realmente muito triste saber de sua morte e da morte de Gianna, com apenas 13 anos. A morte não avisa a ninguém quando virá; ela apenas vem, para todos. Seja cristão ou budista, seja branco ou negro, seja rico ou pobre, você não pode escapar do aguilhão da morte física. Do pó viemos e ao pó todos voltaremos (Gn 3.19).

A pandemia do covid-19 que teve início no princípio de 2020 também nos mostra, de forma incontestável, a fragilidade da raça humana. A pandemia afetou o planeta de forma global, atingindo milhões de pessoas e ceifando milhares de vidas. Não existe maneira mais eficaz de sermos lembrados da nossa vulnerabilidade do que diante de situações como estas: o assassinato de um jovem conhecido, a morte de um ícone do basquete, ou uma pandemia que mata milhares de pessoas diariamente. A morte não poupa e não manda recado para ninguém. Ela nos choca, nos confronta e nos deixa reflexivos.

Em Filipenses 1.23, o apóstolo Paulo nos traz uma perspectiva importante a respeito da morte: *Estou pressionado dos dois lados: desejo partir e estar com Cristo, o que é muito melhor.* Ele demonstra o desejo de partir e estar com Cristo e, além disso, elucida que estar com Ele é muito melhor do que estar na terra. Em nosso contexto, dizer isso pode soar vitimista ou até melancólico. Mas para Paulo era uma convicção. Não era melancolia nem depressão, muito menos drama.

Paulo teve experiências sobrenaturais durante sua caminhada cristã, das quais podemos citar três: foi convertido após um encontro com Jesus no caminho para Damasco (At 9.3-5), foi arrebatado ao terceiro céu (2Co 12.2) e recebeu o evangelho do próprio Cristo (Gl 1.12). Esse mesmo Paulo, que viveu seu chamado tão intensamente e foi o maior líder do cristianismo, desejou expressamente a morte, pois tinha convicção daquilo que o esperava.

Um verdadeiro cristão que foi regenerado pelo Espírito Santo deve descansar na mesma certeza que Paulo tinha sobre a morte. Pergunto-lhe neste exato momento: se não houvesse amanhã, se seus olhos não abrissem ao toque do despertador, você estaria certo de sua salvação? Se Jesus voltasse neste exato momento, você e eu seríamos arrebatados? Essa é a urgência do evangelho.

Certa vez, perguntaram a John Wesley o que ele gostaria de estar fazendo quando Jesus voltasse. Ele respondeu: "O que faço todos os dias, pois todos os dias estou esperando ansiosamente pela volta do meu Senhor". É certo que não sabemos quando Jesus voltará, muito menos quando desceremos à sepultura, mas há uma certeza que devemos buscar todos os dias: a da nossa salvação.

Paulo advertiu seu amado discípulo Timóteo de buscar essa certeza: *Tome posse da vida eterna para a qual você foi chamado e fez a boa confissão na presença de muitas testemunhas* (1Tm 6.12). Há três informações importantes nessa passagem, que valem ser destacadas: 1) Paulo encoraja Timóteo a estar seguro na certeza de que recebeu a salvação; 2) Paulo enfatiza que Timóteo foi chamado para a vida eterna; 3) Paulo traz à memória de Timóteo o fato de que ele havia feito sua boa confissão de fé publicamente.

Quando confessamos nossa fé em Jesus Cristo e O recebemos como único Senhor e Salvador, a Palavra de Deus diz que somos salvos. Mas, como vimos anteriormente, a verdadeira conversão e, logo, a salvação geram frutos que, por sua vez, não mentem, testificando da nossa regeneração. Falar da boca para fora que Jesus é o Filho de Deus e que cremos nisso não é o caminho. Deus sonda o mais profundo do nosso coração, e ninguém pode enganá-Lo.

A salvação é um presente imerecido de Deus, que recebemos pela graça. Somos salvos tão somente pelo sangue de Jesus. Nem o nosso melhor e maior esforço seria suficiente para alcançar esse favor de Deus. No entanto, uma vez que recebemos esse presente cujo valor é imensurável, somos encorajados a buscar a certeza da nossa salvação, por meio da leitura da Palavra e da comunhão com o Espírito Santo. É Ele que testifica dentro de cada um dos salvos que somos filhos de Deus. Jesus disse: *Asseguro-lhes que aquele que crê tem a vida eterna* (Jo 6.47). O verbo "ter" está no presente, o que nos mostra que aquele que crê em Jesus recebe a vida eterna no tempo presente, e não apenas em um tempo vindouro.

O nome de um salvo é escrito no livro da vida no momento em que ele crê, e esse livro está seguro nas mãos do Leão de

Judá, que é digno de abri-lo (Ap 5.5). Diante disso, Deus nos dá a maravilhosa oportunidade de usufruirmos da alegria e da segurança da vida eterna aqui e agora. Portanto, não é presunção alguma ter a certeza da salvação, mas definitivamente é uma *tragédia* ter uma falsa certeza ou simplesmente não ter certeza de nada.

A falsa certeza é perniciosa, pois faz que a pessoa creia que verdadeiramente está salva, mas sua vida e seus atos não condizem com a Palavra de Deus. Essa situação é claramente narrada por Jesus no Sermão do Monte, quando Ele diz que naquele dia muitos se aproximarão dEle dizendo que em Seu nome fizeram muitas coisas, mas a quem Jesus dirá que nunca os conheceu.

A incerteza também é grave, pois faz que a pessoa não tenha paz diante da insegurança de estar salva pela manhã e perdida à noite, ou seja, ser filha de Deus de manhã e filha das trevas de noite. Que miserável vida! Se Deus é o único autor da nossa salvação (Ef 2.8), como poderíamos nos sentir inseguros com medo de perdê-la, uma vez que a recebemos do próprio Deus, que é soberano e imutável? A nossa liberdade de agir não pode ser páreo para a soberania de Deus.

Eu e você não estamos no centro da nossa salvação, mas, sim, Jesus Cristo. E, se Ele é a fonte, o objeto e o cerne da nossa salvação, podemos ter segurança com relação à Sua obra. A Bíblia é muito clara quando expõe que nossa salvação depende exclusivamente de Cristo, e não de nós mesmos. Os versículos a seguir esboçam objetivamente essa ideia:

> *Portanto ele é capaz de salvar* DEFINITIVAMENTE
> *aqueles que, por meio dele, aproximam-se de*

O EVANGELHO PARA HOJE

> *Deus, pois vive sempre para interceder por eles*
> (Hb 7.25, destaque nosso).

> *As minhas ovelhas ouvem a minha voz; eu as conheço,*
> *e elas me seguem. Eu lhes dou a vida eterna, e elas*
> *JAMAIS PERECERÃO; ninguém as poderá arrancar da*
> *minha mão. Meu Pai, que as deu para mim, é maior do*
> *que todos; NINGUÉM AS PODE ARRANCAR DA MÃO*
> *DE MEU PAI* (Jo 10.27-29, destaque nosso).

> *Escrevi-lhes estas coisas, a vocês que creem no nome*
> *do Filho de Deus, para que vocês saibam que TÊM A*
> *VIDA ETERNA* (1Jo 5.13, destaque nosso).

Se Deus salva alguém, Ele salva de verdade. Deus não muda de ideia com base em nosso comportamento ou pensamento. Ele sabe que somos imperfeitos em todos os sentidos e que jamais teríamos capacidade de decidir ou gerir a nossa salvação. Esse dom é único e exclusivo dEle, mesmo porque a condição do homem natural e não regenerado é de morte espiritual, e um morto não pode crer em absolutamente nada até que seja vivificado por Deus (Ef 2.1).

Mas não nos deixemos enganar — absolutamente ninguém pode usar dessa segurança para viver uma vida de desobediência, de pecado e satisfazendo a carne ao em vez do espírito. Um convertido de verdade não encontra prazer no pecado e, ainda que deslize, logo é convencido de seu erro e corre, arrependido de seus atos, para os braços de Jesus, como aconteceu com Pedro, que errou e se arrependeu, porque era verdadeiramente regenerado. Um verdadeiro convertido não somente se arrepende, como se entristece profundamente pelos seus pecados.

A grande evidência de um verdadeiro convertido é seu desejo iminente de obedecer a Deus e de agradar somente a Ele. Aqueles que um dia professaram a fé cristã e chegaram até mesmo a frequentar uma igreja e a ter trejeitos de "crente", mas abandonaram o barco de Jesus, esses jamais foram verdadeiramente regenerados e salvos (1Jo 2.19). De acordo com os estudiosos e exegetas bíblicos, o texto encontrado em Hebreus 6, que muitas vezes é utilizado para amparar a ideia da possibilidade de perda da salvação, na realidade trata de pessoas que jamais foram regeneradas e, portanto, jamais foram salvas. Por isso, elas não podem se levantar quando caem — elas não têm o selo do Espírito Santo que convence do pecado.

Se, de um lado, existem pessoas que receberam o evangelho, foram genuinamente regeneradas e receberam a vida eterna, de outro, existem aquelas que se alicerçam na ideia universalista do amor de Deus e de que Ele jamais seria capaz de mandar alguém para o inferno, pois Ele é bom. De fato, a bondade é um dos atributos de Deus e também é verdade que Ele não criou o inferno para os seres humanos, mas para o diabo e seus demônios. No entanto, a Palavra de Deus nos ensina que, ao contrário do que muitos pensam, nem todos serão salvos (Rm 9.15). E isso não faz que Deus seja menos bondoso. Ele é o dono de toda a sabedoria e sabe exatamente o que está fazendo e por que, e nenhuma criatura pode sondar o conhecimento de Deus (Rm 11.33-36).

O nosso padrão de justiça não pode ser aplicado a Deus, seja na salvação, seja na condenação. Deus sempre manifesta a Sua glória. O propósito supremo de Deus neste mundo, segundo John Piper, é "manter e demonstrar a glória do Seu nome". Tudo que Ele faz é por amor e pelo louvor de Seu santo nome. Que outro propósito Deus poderia ter, a não ser a Sua própria glória e exaltação? Não há ninguém maior do que Ele, portanto Ele não precisa ter uma conduta "modesta" com relação a Si mesmo; isso seria contrário à Sua soberania. E não cabe a nenhum de nós sondar os desígnios misteriosos de Deus; afinal, pode o barro questionar o oleiro?

O propósito final de Deus não é o homem, mas Ele mesmo (Ef 1.6). Isso não quer dizer que você deve fechar este livro e começar a se relacionar com Deus pelo medo da punição eterna — esse não é o caminho correto de se aliançar com Ele. Deus quer se relacionar com filhos, e não com pessoas que olham para Ele como um temível guarda cósmico pronto a lançar um raio na cabeça daqueles que Lhe desagradam. Deus é Pai, e um como nenhum outro aqui na terra.

Paulo nos ensina que o evangelho é o poder salvador de Deus:

> *Não me envergonho do evangelho, porque é*
> *o poder de Deus para a salvação de todo aquele*
> *que crê: primeiro do judeu, depois do grego* (Rm 1.16).

O fato de Paulo mencionar no início do versículo 16 que não se envergonha do evangelho é interessante, pois, no contexto dessa carta, ele estava confrontando o pensamento de que os ensinamentos cristãos eram inadequados por serem contrários às leis de Deus, segundo os judeus. Enquanto muitos desejavam

Não há ninguém **maior** do que Ele, portanto Ele não precisa ter uma conduta "modesta" com relação a Si mesmo; isso seria contrário à Sua **soberania**. E não cabe a nenhum de nós sondar os desígnios **misteriosos** de Deus; afinal, pode o barro **questionar** o oleiro?

e se esforçavam para eliminar os ensinamentos cristãos, Paulo não se envergonhava do evangelho.

Será que esse cenário também não é comum em nossos dias? Os ensinamentos bíblicos foram eliminados das escolas e mal se ouve falar de Deus nas emissoras de televisão. Na sociedade pós-moderna, falar a respeito de Deus tornou-se obsoleto e leviano. Crer em Deus tornou-se motivo de zombaria em muitas rodas de conversa em nossos dias. Vivemos um tempo no qual muitos simplesmente rejeitam prolongar qualquer assunto que envolva o nome de Jesus.

Em sua carta aos Romanos, Paulo descreve que todos pecaram e estão destituídos da glória de Deus (Rm 3.23). Isto é, não existe um ser humano sequer que não careça da salvação que o evangelho pode trazer. E é justamente nesse fato, mais do que em qualquer outro, que o cristianismo se distingue de todas as doutrinas. Apenas no cristianismo a verdadeira condição do homem é exposta: a de miserável pecador.

No cristianismo, não somos encorajados a olhar para dentro de nós mesmos, mas para a cruz. Não somos confortados com a falsa esperança de uma segunda vida ou uma segunda chance, mas confrontados com o fato de que a salvação é para hoje, não havendo nenhuma possibilidade de conversão ou de mudança de rota depois da morte (Hb 9.27). Não somos encorajados a esvaziar a nossa mente, mas, ao contrário, a ganhar a mente de Cristo. Não somos encorajados a praticar boas obras a fim de evoluirmos, mas a fazê-lo como fruto da nossa fé em Cristo, sabendo que não somos e jamais seremos salvos pelas obras; no entanto, uma fé sem obras é morta. Não somos encorajados a pagar penitências, pois, além de não termos capacidade de pagar absolutamente nada para Deus, isso seria esvaziar de significado a cruz de Cristo.

Esses são apenas alguns pontos nos quais o cristianismo diverge de muitas outras crenças. Eles são cruciais para a compreensão do poder do verdadeiro evangelho — este não está nos homens, mas exclusivamente em Deus por meio da pessoa de Cristo. O evangelho é o poder salvador do Deus vivo que está acima de tudo e de todos, e não existe salvação fora dele. Deus pode fazer absolutamente tudo — Seu poder não conhece limitações.

E disse-lhes: Vão pelo mundo todo e preguem o evangelho a todas as pessoas (Mc 16.15). Vimos nos capítulos anteriores o contexto em que Jesus emprega essa frase. Por meio de Sua morte, ressurreição e batalha escatológica, Jesus recebeu autoridade no céu e na terra para que o evangelho fosse pregado em todas as nações; e aqueles que outrora estiveram presos na cegueira espiritual receberam a oportunidade de ouvir as boas-novas que Deus traz aos homens. E, exatamente por ser o poder de Deus para a salvação, Jesus deu grande importância à pregação do evangelho.

O Senhor Jesus conhece exatamente os efeitos que o ouvir a Palavra de Deus causam na vida daquele que foi chamado para a salvação. O evangelho nos salva da culpa e do poder do pecado e nos reconcilia com Deus. No futuro, ele nos livrará da presença do pecado para a posse plena da vida eterna. Ele é eficaz em todos os sentidos, justamente por ser o poder de Deus. E, diferentemente do que muitos pensam, o poder de Deus vai muito além daquilo para o que o buscamos. Muitos buscam esse poder para prosperar materialmente, para encontrar um cônjuge e para se livrar das tribulações. No entanto, a manifestação do poder que Deus promete pela pregação do evangelho é sobremaneira mais solene do que qualquer outra bênção que porventura venhamos a receber. A manifestação desse poder é capaz de transformar uma vida por completo e eternamente.

Se olharmos para a nossa vida neste exato momento, onde encontraremos o nosso coração? No trabalho? No dinheiro? Nas festas? O Evangelista Mateus cita um fato fundamental pelo qual devemos avaliar a nossa vida: *Pois onde estiver o seu tesouro, aí também estará o seu coração* (Mt 6.21). Diante disso, devemos nos questionar: Onde está o nosso tesouro? Nas coisas terrenas ou no céu? Uma coisa é certa: tudo aquilo a que damos primazia em nossa vida, em lugar de Deus, se tornará nosso deus e ali estará o nosso coração.

É justamente nesse contexto que percebemos muitas pessoas ocupadas demais com seus bezerros de ouro para dar ouvidos à palavra de salvação, sem atentar para o fato de que o tempo está passando rápido e o evangelho é para hoje. Jesus alertou os discípulos com relação à urgência do evangelho:

> *Enquanto isso, os discípulos insistiam com ele:*
> *"Mestre, come alguma coisa". Mas ele lhes disse:*
> *"Tenho algo para comer que vocês não conhecem".*
> *Então os seus discípulos disseram uns aos outros:*
> *"Será que alguém lhe trouxe comida?" Disse Jesus:*
> *"A minha comida é fazer a vontade daquele que me*
> *enviou e concluir a sua obra. Vocês não dizem: 'Daqui*
> *a quatro meses haverá a colheita'? Eu lhes digo:*
> *Abram os olhos e vejam os campos! Eles estão maduros*

Onde está o nosso **tesouro**? Nas coisas terrenas ou no céu? Uma coisa é certa: tudo aquilo a que damos **primazia** em nossa vida, em lugar de Deus, se tornará nosso deus e ali estará o nosso **coração**.

O EVANGELHO PARA HOJE

para a colheita. Aquele que colhe já recebe o seu salário e colhe fruto para a vida eterna, de forma que se alegram juntos o que semeia e o que colhe. Assim é verdadeiro o ditado: 'Um semeia, e outro colhe'. Eu os enviei para colherem o que vocês não cultivaram. Outros realizaram o trabalho árduo, e vocês vieram a usufruir do trabalho deles" (Jo 4.31-38).

Essas palavras foram proferidas por Jesus aos discípulos depois que um grande avivamento havia ocorrido na cidade de Samaria, onde a mulher samaritana recebeu as boas-novas de Cristo à beira de um poço e, por meio da vida dessa mulher, muitos samaritanos creram em Jesus (Jo 4.39). Que tremendo acontecimento! Apesar disso, os discípulos estavam mais preocupados com a comida do que com o avivamento que acabara de acontecer na cidade dos samaritanos, povo tão desprezado pelos judeus em razão de sua forma distorcida de interpretar a Lei de Moisés. Jesus, no entanto, não tinha preconceitos. Ele parou naquele poço propositadamente para cumprir uma agenda divina que incluía a cidade de Samaria. Algo maravilhoso estava acontecendo naquele lugar, mas os discípulos haviam se desviado do propósito e se distraído com questões triviais. Eles não conseguiram perceber que o poder de Deus para salvação por meio do evangelho já estava em ação, e não era um evento futuro.

Jesus usava parábolas no contexto da agricultura para explicar coisas complexas de uma forma simples. Naquela época, a agricultura era a atividade principal do povo e, portanto, a linguagem usada por Jesus era simples de ser assimilada por aqueles a quem a mensagem era dirigida. Especificamente em João 4.35, Jesus enfatiza aquilo que Seus discípulos diziam: faltam quatro meses até que o campo produza a colheita. Os discípulos não estavam errados do ponto de vista agrícola, pois era dezembro ou princípio de janeiro, e a colheita naquela região iniciava-se no final do mês de abril, ou seja, quatro meses depois. Mas Jesus não estava falando de trigo; Ele se referia a uma realidade espiritual infinitamente mais profunda do que os discípulos imaginavam. E logo na sequência Jesus completa: o campo já está pronto para a colheita. Isto é, não devemos aguardar a chegada de um tempo que já é presente no que diz respeito ao reino de Deus.

Essa urgência enfatizada por Jesus reside em alguns fatores, dos quais podemos citar quatro: 1) Somos como a neblina que aparece hoje e amanhã já não existe; 2) Jesus voltará sem avisar ninguém e, se não tivermos azeite em nossa lamparina, ou seja, o selo do Espírito, ficaremos de fora do banquete; 3) não podemos viver com a convicção de que haverá amanhã, pois o amanhã pode não chegar para mim e para você; 4) não haverá segunda chance depois da morte.

Jesus nos dá a paz que excede todo o entendimento. Isso não significa que uma vida com Deus é uma vida desprovida de problemas, mas, mesmo nos problemas, encontramos nEle forças para continuar e louvar o Seu nome, na certeza de que não somos daqui e caminhamos rumo a uma vida infinitamente melhor que esta. *Olho nenhum viu, ouvido nenhum ouviu, mente nenhuma imaginou o que Deus preparou para aqueles que o amam* (1Co 2.9).

Essa é a certeza que produz em nós a paz abundante mesmo em meio ao deserto, mesmo em meio à dor e à tribulação.

Que sejamos sábios enquanto ainda nos resta tempo não apenas para receber o evangelho, mas para levá-lo adiante. Paulo nos garante em sua carta aos Romanos que somos devedores das boas-novas de Cristo, pois não há salvação fora do evangelho, e qualquer outra possibilidade que nos seja apresentada com esse propósito deve ser amaldiçoada.

Fomos comissionados pelo próprio Deus a um propósito: *Ide e pregai o evangelho.* Essa é a nossa dívida com o próximo — com os de casa e com os de fora. No tocante à Palavra de Deus, precisamos dar e também receber. Ainda que você não possua um ministério ordenado na igreja, há um ministério ordenado pelo próprio Deus — o da reconciliação, em que nossa missão é anunciar Cristo, que reconcilia homens com Deus. E há uma certeza elucidada pela Palavra de Deus: precisamos ser reconciliados com Ele antes de recebermos a herança da vida eterna, e, sem Cristo, não há reconciliação.

Finalmente, diante de todas as razões biblicamente fundamentadas e expostas neste livro, desejo de toda a minha alma que você reflita sobre a urgência do evangelho na sua vida e na vida do próximo. O amanhã não é garantido para ninguém, e os campos já branquejam para a colheita. O dia é hoje. A hora é agora. Existe uma urgência iminente que, embora não possa ser plenamente descrita por meio de palavras, é real, e precisamos olhar para esse fato com seriedade e zelo. Que não nos acostumemos com um mundo que escarnece do Criador e que não nos amoldemos a padrões culturais de uma pátria que não é nossa.

O evangelho nunca foi tão urgente e o mundo nunca esteve desmoronando tão rápido, em queda livre rumo à completa ruína, como agora. Vemos isso nitidamente nas famílias que são destruídas, nas falaciosas ideologias da era pós-moderna, na excruciante libertinagem e na rapidez com que as aberrações feitas por mãos humanas são disseminadas e compartilhadas pela internet. As nossas sementes estão sendo roubadas, e o mundo precisa, mais do que nunca, de sal e de luz. Ele precisa urgentemente ser libertado pela Verdade e vivificado não por uma falsa existência, mas pela vida que somente o Espírito vivificante nos dá. Desejo que sejamos despertados do nosso sono profundo e, mais do que isso, que acordemos antes que nosso despertador já não nos desperte mais.

Finalizo este livro com uma oração:

Senhor Deus e Pai, louvado seja o Teu nome!
Exalto-Te e agradeço a Ti pela vida de cada um dos meus
leitores e pela oportunidade de levar a Tua Palavra, que é
poderosa e eficaz, capaz de discernir alma e espírito, ossos
e medula, trazendo entendimento, a fim de que sejamos
despertados da nossa cegueira espiritual.

Tem misericórdia de nós! Somos pequenos,
pecadores e profundamente necessitados da Tua salvação.
Perdoa-nos, Senhor, pelos nossos pecados e coloca em
nós um coração de carne no lugar do coração de pedra.
Abre os nossos ouvidos espirituais para que as boas-novas
do Teu amado Filho penetrem no mais profundo do nosso ser
e para que a Tua lei seja inscrita em nosso coração.

Não há nada que possamos fazer para que Tu nos
ames mais ou menos, ou para que nos tornemos dignos da

Tua salvação, que é exclusivamente pela graça mediante a fé em Jesus Cristo. É justamente dessa fé salvadora que precisamos e desejamos. Abrimos o nosso coração para que a fé, dom exclusivo do Senhor, nos seja dada. Desperta, Senhor, os que ainda dormem e que foram chamados segundo o Teu beneplácito, de acordo com a Tua vontade. A Tua Palavra não volta vazia, e é nessa certeza que entrego em Tuas mãos os frutos que venham a ser produzidos por este livro, pois a Tua vontade é boa, perfeita e agradável, e o Senhor é quem tem a palavra final. Agradeço a Ti, Pai, pelo Teu infinito amor, bondade e misericórdia. Esta é a minha oração, no santo nome de Jesus. Amém!

Sobre a autora

Bella Falconi, 35 anos, é casada e mãe de duas meninas, Victoria e Stella.

Bacharel e mestre em Nutrição pela *Northeastern University*, é pós-graduanda em Teologia Sistemática pelo Centro Presbiteriano Andrew Jumper, membro da Igreja Presbiteriana de Pinheiros, palestrante e influenciadora digital.

Sua opinião é importante para nós. Por gentileza envie seus comentários pelo *e-mail* editorial@hagnos.com.br

Visite nosso *site*: www.hagnos.com.br

Esta obra foi composta na fonte Artigo 11,5/17,30 e impressa na Imprensa da Fé. São Paulo, Brasil. Primavera de 2020.